Carl Johann Philipp Spitta

Psalter und Harfe

Sammlung christlicher Lieder
zur häuslichen Erbauung

Herausgegeben von Hans-Christian Drömann

Lutherisches Verlagshaus

CIP Kurztitelaufnahme der Deutschen Bibliothek

Spitta, Carl Johann Philipp: Psalter und Harfe: Sammlung christlicher Lieder zur häuslichen Erbauung / Carl Johann Philipp Spitta.
Ausgew. u. hrsg. von Hans-Christian Drömann. - Hannover:
Luth. Verl.-Haus, 1991
(Niedersächsische Bibliothek Geistlicher Texte; Bd. 1)
ISBN 3-7859-0615-3
NE: GT

Gesamtherstellung: Th. Schäfer Druckerei GmbH, Hannover
ISBN 3-7859-0615-3

Geleitwort

Wir sind gerne der Bitte des Verlages gefolgt, die Herausgeberschaft für die Niedersächsische Bibliothek Geistlicher Texte zu übernehmen. Denn wir halten es für angebracht und legitim, die theologisch-kirchliche Tradition unseres Landes an ausgewählten Beispielen zu dokumentieren.
Zu Unrecht hält man nämlich Niedersachsen für eine Landschaft, in der geistliche Themen und Bewegungen keine Rolle gespielt hätten. In Wahrheit hat es auch hier bedeutende Werke gegeben, die lange und aufmerksam beachtet worden sind und die erhebliche Wirkungen haben.
Natürlich muß die Rückfrage gestellt werden, ob die Begrenzung auf Niedersachsen sinnvoll ist. Aber wenn man nicht ins Uferlose geraten will, dann müssen Einschränkungen vorgenommen werden. Es gibt Reihen, die thematisch definiert sind. Die geographische Begrenzung erlaubt es, theologisch sehr unterschiedliche Texte zusammenzustellen. Dies ist geplant: Diesem Band von Philipp Spitta, der eine erweckliche Frömmigkeit des 19. Jahrhunderts repräsentiert, soll ein weiterer mit Texten von Johann Friedrich Wilhelm Jerusalem folgen, einem Aufklärer des 18. Jahrhunderts, der theologisch von Spitta meilenweit entfernt ist. Aber diese Breite geistlicher Anschauung zu dokumentieren ist reizvoll, weil sie den Pluralismus widerspiegelt, der die Geschichte des Protestantismus charakterisiert, eine Geschichte voll von reizvollen, aber natürlich häufig auch voll von belastenden Spannungen.
Die historischen Texte sollen lesbar sein und sind nicht als wissenschaftliche Editionen gedacht, in denen die von den Autoren benutzten Quellen und Anspielungen zu eruieren wären. Aus diesem Grunde wird die Orthographie modernisiert. Lieder und Meditationen, Darstellungen und Gebete sollen für sich sprechen, wobei wir hoffen, daß sie dies unmittelbar tun und daß keine umfangreichen Kommentare zum Verständnis erforderlich

sind. Es werden den einzelnen Bänden Einleitungen vorangestellt, in denen die Verfasser, ihre Zeit und ihr Werk knapp dargestellt werden, damit die publizierten Quellen biographisch, historisch und theologisch eingeordnet werden.

Wolfenbüttel, den 21. August 1990
Gerhard Müller Paul Raabe

Inhaltsverzeichnis

Psalter und Harfe. Zweite Sammlung christlicher Lieder, zur häuslichen Erbauung von Carl Johann Philipp Spitta. Achtzehnte Auflage. Leipzig, Verlag von Robert Friese. 1868.

Alphabetisches Verzeichnis Band I und II

Hans-Christian Drömann

Einleitung

»Das Leben meines unvergeßlichen Freundes Spitta ist im Ganzen arm an merkwürdigen Schicksalen und hervorstechenden Ereignissen, und insofern nicht geeignet, die Aufmerksamkeit solcher Leser zu fesseln, welche vor Allem eine piquante Handlung mit mannichfaltigen Wechselfällen verlangen. Arm ist das Leben aber darum doch nicht zu nennen, und eben so wenig uninteressant. Es ist ein Spiegel eines reich von Gott begabten Gemüthes, das in seltener Harmonie auf dem Grunde eines tiefen und ursprünglichen Glaubenslebens ruht. Spitta's Lebensgeschichte verläuft sich vorherrschend innerlich, und hier liegt die ganze Mannichfaltigkeit und Anziehungskraft, welche seine Person besessen hat.«
Mit diesen Worten leitet Konrad Münkel das Vorwort zu dem von ihm im Jahre 1861 herausgegebenen Lebensbild Philipp Spittas ein. Seine Beobachtungen bestätigen sich jedem, der sich mit der Person und der Dichtung Spittas beschäftigt. Mag er sich einer anderen Sprache bedienen, in der Gesamtbeurteilung Spittas kann er Münkel nur zustimmen.
Mit dieser Ausgabe sollen die geistlichen Lieder neu vorgelegt werden, die Spitta in seiner Sammlung »Psalter und Harfe« zusammengefaßt und veröffentlicht hat. Sie ist in den letzten Jahrzehnten weithin in Vergessenheit geraten und wert, neu zugänglich gemacht zu werden, auch als Beispiel dafür, in welcher Weise die in Niedersachsen aufkommende Erweckungsbewegung ihre Lieder gesungen hat.
Der Sänger von »Psalter und Harfe« Karl Johann Philipp Spitta wurde am 1. August 1801 in Hannover geboren. Väterlicherseits stammen seine Vorfahren aus Frankreich. Sie gehören zu jenen Familien, welche um ihres protestantischen Glaubens willen die Heimat verließen. Seit 1700 sind die Spittas im norddeutschen Raum anzutreffen. Philipp Spittas Vater, Lebrecht Wilhelm

Gottfried, aus Braunschweig gebürtig und zunächst glücklos als Kaufmann in Frankreich tätig, siedelte sich später in Hannover an. Dort hatte er als Buchhalter ein bescheidenes Einkommen. In zweiter Ehe heiratete er die aus Goslar stammende Jüdin Rebecca Löser, die bei der Taufe den Namen Henriette Charlotte Fromme angenommen hatte. Aus der Ehe gingen fünf Kinder hervor. Als viertes Kind wurde Philipp geboren, der in der Familie als besonders empfindsamer Junge auffiel. Schon früh erwachte in dem Heranwachsenden die Freude am eigenen Dichten und Gestalten der Sprache. Bereits als Achtjähriger übte er sich mit Gleichaltrigen in der Aufführung selbst verfaßter Lust- und Trauerspiele. Eine erste Krise erlebte er mit elf Jahren, als er an Skropheln erkrankte und für vier Jahre weitgehend ans Bett gebunden war. Damit fand die Schulausbildung am Gymnasium ein vorläufiges Ende. Nach seiner Genesung gab ihn die Mutter - der Vater war früh gestorben - zu einem Uhrmacher in die Lehre. Es begann für ihn eine unglückliche Zeit. Über drei Jahre hat sie gedauert. Die Freude am Leben war ihm genommen. Wie aus Tagebuchaufzeichnungen hervorgeht, sehnte er den Tod herbei, um sich gleichzeitig im Gebet zu trösten:

»Walle mutig fort auf dornenreichen Wegen.
Vielen ist ihr Unglück auch ihr Segen.« (Münkel, Seite 7)

1818 starb unerwartet der jüngste Bruder, der einmal Theologe werden sollte. Philipp durfte die Uhrmacherlehre abbrechen und für den Bruder Theologie studieren. Mit Freuden kehrte er in das Elternhaus zurück, um von neuem das Gymnasium zu besuchen. So traurig er gestimmt war über den Tod des Bruders, so war er in seinem Innersten erfüllt von Dankbarkeit und Glück. Nach dem erfolgreichen Schulabschluß begab er sich 1821 zum Studium der Theologie nach Göttingen. Die Lebensbedingungen dort waren alles andere als angenehm. An seinen Bruder Heinrich schrieb er: »Daß es knapp, sehr knapp geht, wirst Du Dir leicht denken können ... meine Abendmahlzeit ist ein Stück Brot, das mir nach dem Turnen wie Zucker schmeckt.« (Münkel, Seite 15). Spitta schloß sich einer Burschenschaft an und kam so in Berührung mit den Liedern Theodor Körners und Ernst Moritz Arndts,

in die er begeistert einstimmte. In dieser Zeit gewann er die Freundschaft Heinrich Heines, die freilich in späterer Zeit ihr Ende fand, weil beide verschiedene Wege gingen. Während Heine mit seinen Liedern die studentische Jugend zu gewinnen versuchte, wandte sich Spitta 1824 mit seiner ersten Veröffentlichung, dem »Sangbüchlein der Liebe für Handwerksleute«, dem Volkslied zu. Wie Zeitgenossen berichteten, sang er seine Lieder zur Harfe, die ihn auf seinen Wegen stets begleitete. In dem poetischen Zirkel »Tafelrunde«, dem er angehörte, führte er den Namen Adelreich. Von den theologischen Lehrern der Universität Göttingen zeigte sich Spitta nicht sonderlich beeindruckt. Mit einer vom Rationalismus geprägten Theologie vermochte er, für den die Offenbarung Gottes vor allem eine Sache des Herzens und des Gemütes war, nicht viel anzufangen. Studentische Freunde versuchten Spitta für die römisch-katholische Kirche zu gewinnen. Doch ließ er sich nicht davon beeindrucken. Er fühlte sich in seinem Glauben an die lutherische Kirche gebunden.
Nach dem ersten theologischen Examen nahm Spitta im Jahre 1824 eine Hauslehrerstelle in Lüne bei Lüneburg an. Hier erhielt er durch das weitere Studium der Bibel, der Werke Martin Luthers, aber auch durch die Auseinandersetzung mit der Schrift »Die wahre Weihe des Zweiflers« von Friedrich August Tholuck seine entscheidende Prägung. Während des fast fünfjährigen Aufenthaltes in Lüne ist der überwiegende Teil seiner Lieder entstanden.
Ende 1828 wurde Spitta als Pfarrgehilfe nach Sudwalde bei Sulingen berufen. 1830-1837 war er als Hilfsgeistlicher für die Garnisongemeinde und für das Gefängnis in Hameln tätig. Hier erlebte er auf der einen Seite seiner erwecklichen Predigten und seiner missionarischen Tätigkeit wegen großen Zuspruch. Doch mußte er andererseits auch herbe Ablehnung in Kauf nehmen, da man von rationalistischer Seite ihn des »bösen Geistes des Mystizismus« verdächtigte und ihm Separatismus vorwarf. 1833 erfolgte die Veröffentlichung der ersten Sammlung von »Psalter und Harfe«, die nicht Spitta selbst, sondern dessen Freund Professor Adolf Peters besorgte. Das Büchlein fand schnell in allen Schichten der Bevölkerung Eingang und Begeisterung. Selbst

das Konsistorium in Hannover brachte seine Anerkennung über die Liedersammlung zum Ausdruck. Freilich konnte sich Spitta in Hameln nicht lange halten. Zwar sollte ihm die 1835 freigewordene Pfarrstelle an der Garnisonkirche übertragen werden, doch warf man ihm vor, Soldaten Konventikeln zugeführt und so zu möglichem Ungehorsam beeinflußt zu haben. So ließ das Konsistorium von der Zuweisung der Hamelner Stelle ab und übertrug Spitta das Pfarramt in Wechold bei Hoya. Dort trat er Ende 1837 sein Amt an. Kurz zuvor heiratete er Marie, Tochter des verstorbenen Oberförsters Hotzen aus Grohnde, dessen Freundschaft Spitta in seiner Hamelner Zeit erworben hatte. Auch in Wechold wußte Spitta die Gemeinde durch Predigt, Seelsorge und Missionsveranstaltungen zu erwecken. Von hier aus besorgte er die Ausgabe der zweiten Sammlung von »Psalter und Harfe«, die 1843 zum ersten Mal erschien.

1847 wurde Spitta als Superintendent nach Wittingen berufen. Auch hier konnte er im pfarramtlichen und hinzukommenden ephoralen Dienst im Segen wirken; doch seine dichterische Tätigkeit nahm Spitta nicht wieder auf. Andere Gegebenheiten fand Spitta in Peine vor, wohin er 1853 als Superintendent berufen wurde. War er zwar nach dort gegangen, um das Pfarramt nicht mehr allein wahrnehmen zu müssen, empfand er dennoch die Arbeit in Peine als dornig und schwierig. Ihm schienen die Menschen fremdartig zu sein. So fand er zu ihnen nur schwer Zugang. Besondere Kraft kostete es ihn, die kirchlichen Verhältnisse in Peine zu ordnen und zu festigen.

In diese Zeit fällt die Verleihung eines Ehrendoktors der Theologischen Fakultät Göttingen, die im Jahre 1855 in Erinnerung an den Augsburger Religionsfrieden 1555 erfolgte. Im Begleitbrief der Urkunde heißt es:

»Indem die theologische Fakultät vor allem Sie, hochwürdiger Herr Superintendent, zu diesen Männern rechnet und Ihnen hierdurch das Diplom der theologischen Doctorwürde zu übersenden die Ehre hat, bittet sie, hierin das lautere und aufrichtige Zeichen längst gehegter Verehrung und Liebe zu erblicken. In der Zeit schmerzlicher Spannung, in die uns die schwere Pflicht der Selbstbewahrung unseres amtlichen Berufes versetzt hat, ist

es uns ein um so größeres Bedürfniß, einstimmig auszusprechen, wie die glaubenstreue, innigfromme, unter allen Anfechtungen standhaltende Hirtenpflege und Hirtensorge, in deren Umgebung Ew. Hochwürden ein vorleuchtendes Beispiel pastoralen Lebens und Wirkens für die ganze Landeskirche sind, an unsrer Facultät eine dankbare und freudige Zeugin findet.« (Münkel, Seite 219)
Die ihm zuteil gewordene Anerkennung hat Spitta dankbar angenommen.

Die freigewordene Superintendentenstelle Burgdorf bei Hannover veranlaßte ihn, sich nach dort zu bewerben. Sie wurde ihm zugesprochen. 1859 siedelte er mit seiner inzwischen achtköpfigen Familie nach Burgdorf über. Hier hat er nur kurze Zeit wirken können. Am 28. September 1859 verstarb er an einem plötzlich aufgetretenen Herzkrampf. Am 1. Oktober wurde er auf dem Burgdorfer Friedhof beigesetzt. Von den sieben Kindern setzten drei Söhne auf ihre Weise das Werk des Vaters fort: Philipp Spitta als Musikwissenschaftler (er schrieb die heute noch als grundlegend anerkannte Monographie über Johann Sebastian Bach), Ludwig Spitta als Gemeindepfarrer und Dichter und Friedrich Spitta als Professor für Neutestamentliche und Praktische Theologie sowie als Liturgiker und Hymnologe.

Das Leben und Wirken Philipp Spittas ist mit der Erweckungsbewegung in Hannover eng verbunden. Sie setzte in der ersten Hälfte des vergangenen Jahrhunderts ein, als das Defizit einer vom Rationalismus geprägten Theologie offenkundig wurde. Ging es ihr vorwiegend um die Erfüllung christlicher Pflichten und Tugenden, so sah die Erweckungsbewegung ihre Aufgabe darin, den Menschen neu bewußt zu machen, daß der Christ auch in der Erfüllung seiner Pflichten ein Sünder bleibe, der Rechtfertigung aus dem Glauben bedürfe und aus der Liebe zu seinem Herrn lebe. Dieses sind die Themen, deren sich Spitta in seinen Liedern besonders angenommen hat. Unter den Gestalten der Hannoverschen Erweckung (Ludwig Harms in Hermannsburg, Adolf Petri und August Arnswaldt in Hannover u. a.) nimmt Spitta eine für ihn typische Stellung ein. Er beteiligt sich kaum an der öffentlichen Diskussion kirchlicher Fragen. Er ist der Mann der Innerlichkeit, der durch Predigt, Seelsorge und Unterweisung

und in besonderer Weise durch seine Lieder Menschen zum persönlichen Glauben zu gewinnen versucht. Dabei ist ihm das Erbe der lutherischen Reformation besonders ans Herz gewachsen. Ihm liegt nicht an einer individualistischen, auf die Bedürfnisse des einzelnen ausgerichteten, sondern an einer in der Lehre der lutherischen Kirche verankerten Frömmigkeit. Wie in seinen Tagebucheintragungen mehrfach zum Ausdruck kommt, hat sich Spitta als Theologe seiner lutherischen Kirche ganz und gar verpflichtet gewußt. So schlägt er 1844 und 1846 die Berufung auf die Pfarrstelle der lutherischen Gemeinden in Barmen und Elberfeld aus, weil er für seine Person die Meinung vertritt, in einer Union seinen Dienst nicht verrichten zu können. Außer seiner Liedersammlung hat Spitta Andachten geschrieben und sie in zwei Bänden 1836 und 1839 herausgegeben, ohne dabei seinen Namen zu nennen. Daneben ist er mit einigen Predigten und Zeitschriftenbeiträgen an die Öffentlichkeit getreten. Allein seine in »Psalter und Harfe« zusammengestellten Lieder haben Spitta zu einem bedeutenden Dichter des evangelischen Kirchenliedes im 19. Jahrhundert werden lassen.
Nach der Darstellung der Lebensgeschichte Spittas soll nun eine Einführung in seine Dichtung vorgenommen werden. Dabei sind wir in der glücklichen Lage, auf Briefe und Tagebucheintragungen zurückgreifen zu können, in denen sich Spitta zu seinem Werk äußert.

In einem Brief vom 5. Mai 1826 beschreibt Spitta die Veränderung, die er im Hinblick auf seine Dichtkunst feststellen müsse: »In der Weise, wie ich früher sang, singe ich jetzt nicht mehr. Dem Herren weihe ich mein Leben, so auch meinen Gesang. Seine Liebe ist das eine große Thema aller meiner Lieder, sie würdig zu preisen und zu erheben ist die Sehnsucht des christlichen Sängers. Er gab mir Lieder und Gesang, ich gebe sie ihm wieder!

Ihm bin ich, was ich bin.
Drum leg' ich Sang und Lieder,
Die er gegeben, wieder
Vor ihm zum Opfer hin!« (Münkel, Seite 42)

Damit ist die Hinwendung zur geistlichen Dichtung und die Abkehr von der Beschäftigung mit anderen Literaturgattungen - zeitlich gesehen fällt sie in die Jahre seines Aufenthaltes in Lüne - zum Ausdruck gebracht.

Münkel bemerkt dazu:
»Nicht nur dichtete er nicht mehr, wie er früher gedichtet hatte, er steckte sich auch das Feld seiner dichterischen Thätigkeit viel enger. Früher trug er sich mit großen Entwürfen und versuchte sich sowohl im einfachen Liede, als im Drama, im Epos, im Märchen u. dergl., wovon noch bis jetzt die Bruchstücke vorhanden sind. Seit seiner geistlichen Umwandlung hingegen fiel alles weg bis auf das Lied, und selbst das Lied quoll aus seinem Herzen nur noch als geistliches Lied, um die Liebe zu preisen, die ihm widerfahren war. Allerdings war also seine dichterische Thätigkeit recht stark eingeschrumpft, wenn man es so nennen will. Aber verloren war damit gar nichts, hingegen gewonnen sehr viel. Spitta's eigentliche Begabung war das Lied; was sich ihm in Bild, Gestalt und Handlung vorstellte, das setzte sich in seinem Gemüthe in Stimmung um und suchte sich in den Ergüssen des Liedes den entsprechenden Ausdruck. Wenn er daher alle übrigen Dichtungsarten fahren ließ und ganz beim Liede blieb, so leitete ihn ein richtiges Gefühl, dasselbe Gefühl, mit dem er überall so treffend die Marksteine seiner Natur und Begabung herausfand. Wir bedauern deshalb Spitta's Beschränkung auf das Lied nicht, und eben so wenig bedauern wir seine Beschränkung auf das geistliche Lied. Es muß doch schon auffallen, daß keins von seinen weltlichen Liedern aus früherer Zeit, wo er mit solcher Hingebung dichtete, Eingang und Anerkennung gefunden hat, während seine geistlichen Lieder, die nur gelegentlich in den Mußestunden geformt wurden, mit so viel Liebe und Freude weit und breit aufgenommen sind. Das ist doch ein deutlicher Fingerzeig, daß Spitta's Gabe das geistliche Lied war und daß er erst im geistlichen Liede sich selber fand.« (Münkel, Seite 42/43)
Der Dichter von »Psalter und Harfe« hat es verstanden, Aussage und Gestalt seiner Lieder in einer für ihn typische Weise in Einklang zu bringen. Alles, was er in seinen geistlichen Liedern

zu sagen hat, bleibt schlicht, entspricht einem ausgeprägten Gefühl für das Einfache und Natürliche, ohne dabei naiv zu wirken. So spricht seine Dichtung trotz des zeitlichen Abstandes von 150 Jahren auch den heutigen Menschen an.

Von seiner ihm eigenen Art zu dichten sagt Spitta:
»Es steht: 2. Kön. 3,15 geschrieben, daß der Prophet Elisa sprach: Bringet mir einen Spielmann. Und da der Spielmann auf den Saiten spielte, kam die Hand es Herrn auf ihn. So kann ich denn auch meinerseits nicht läugnen, daß, wenn ich von vielem Studieren dumm ward und ich die innere Leere in meinem Kopfe fühlte, weil der Geist des Herrn fehlte, ein Lied mich oft unbeschreiblich erquickte und von Neuem mit Liebe und Leben füllte, obgleich ich dabei mein eigner Spielmann war. Es liegt doch auch wohl Musik und Poesie und Religion sich so nahe, daß man glauben möchte, der Unterschied sei nur ein blos formaler, und was uns die erstern als Wahrheit in sinnlicher Bekleidung geben, erkenne auch die Religion als ihren Geist an. Unser Herr Jesus kennt in seiner Lehrart keine Poesie wie David und seine Lehrsänger, gerade weil er wie sie die Wahrheit nicht zu versinnlichen brauchte, sondern, wie Du aus Joh. 14,6 weißt, die Wahrheit selbst war und dazu auch das Leben. Wenn man dem großen Zwiegespräch zwischen Gott und den Menschen zuhört, von dem ersten: Adam, wo bist du? bis zu der Zeit, wo sich die Himmel öffneten über dem zweiten Adam eines neuen Menschengeschlechts, und er sprach: Dies ist mein lieber Sohn, den sollt ihr hören! - so bemerken wir immer von Seiten Gottes ein gnädiges Herablassen zur sinnlich poetischen Form und von Seiten des Menschen ein Verlangen nach symbolisch poetischer Form für den unsichtbaren Gott, den sie ohne diese weder mit den Sinnen greifen, noch in's Herz fassen können.« (Münkel, Seite 44)

Hier offenbart sich Spitta nicht nur als einfühlsamer Dichter, sondern auch als geschulter Theologe, der richtig einzuschätzen weiß, daß der Glaube sich in Kunst und Dichtung ausdrücken muß, ohne dabei die Wahrheitsfrage der Offenbarung in Christus zu nivellieren. Für Spitta ist geistliche Dichtung Sprache des

Glaubens und so auch Reden mit Gott. Im Tagebuch vom 12. November 1826 schreibt er:
»Vor Dir, du Allsehender, Herzenskündiger ... will ich mein Herz offen darlegen, nicht zwar, daß Du es erkennst, sondern daß ich es erkenne. Und du machst mir mein Geständnis leicht, denn Du bist ja treu und gerecht, daß, wenn wir Dir unsre Sünde bekennen, Du sie uns nach Deiner großen Gnade in Christo vergiebst. Ach, fordertest Du ohne das Versprechen der Vergebung uns zum Geständniß unsrer Sünden auf, ich schwiege wohl ewiglich gern davon; aber nun öffnest Du mir durch Deine zuvorkommende Liebe den Mund, und das Geständnis meiner Schuld wird ein seliges Preisen Deiner Gnade.« (Münkel, Seite 53)
Redet der Mensch mit Gott, so ist er ihm nicht gleichgestellt. Vielmehr entdeckt er sich vor Gott als Sünder. Ihm ist verwehrt, die Verbindung mit Gott in einem besonders geprägten Gefühl der Verbundenheit gegeben zu sehen. Er ist vielmehr ganz und gar der Gnade bedürftig, die Gott schenkt. An seinen Bruder schreibt er im Jahre 1826:
»Und so bin ich denn wiederum überzeugt, daß erstlich ein unseliger Mensch niemals lieben kann, alsdann, daß kein Mensch durch seine Liebe selig werden kann, und daß der Kern und Stern des evangelischen Lebens darin liegt, daß man liebt, weil man selig ist durch den Glauben an die Liebe in Christo, nicht aber, daß man selig ist, weil man liebt.« (Münkel, Seite 62/63)
Alles in allem erweist sich Spitta als ein Dichter, der in dem, was er an sich selber erfahren hat und an andere weitergibt, bei Martin Luther in die Schule gegangen ist. So gehört er zu jenen Gestalten, in denen sich eine durch die Reformation geprägte Frömmigkeit in der ersten Hälfte des 19. Jahrhunderts Ausdruck und Gehör verschafft. Spitta hat auf seine Weise dazu beigetragen, daß der Rationalismus in der Kirche durch eine erweckliche, an der Bibel orientierte Frömmigkeit überwunden werden konnte.
Daneben dürfen die dichterischen Qualitäten Spittas nicht übersehen werden. Er ist ein Mann, der die besondere Fähigkeit besessen hat, Sprache zu verdichten. In all seinen Gedichten bleibt er schlicht und verständlich. Er hat es nicht nötig, mit komplizierten Gedanken oder ungewöhnlichen Ausdrucksfor-

men auf sich aufmerksam zu machen. Er steht ein für eine Poesie, die auch weniger gebildeten Betrachtern etwas zu geben vermag. Man hat seine Dichtung als in besonderer Weise volkstümlich bezeichnet. Die zahlreichen Auflagen, die seine Lieder gefunden haben, bestätigen dieses Urteil. Spitta versteht es, den Menschen nicht nur über den Verstand, sondern auch über Herz und Gemüt anzusprechen. »Glaubensheiterkeit« ist solch ein Ausdruck, mit dem Spitta eine Seite des Vertrauens zu Gott in einer bildhaften und gemütvollen Weise beschreibt. Andere von ihm geprägte Begriffe wie »Himmelsmorgenrot« oder »Liebesschläge« weisen in die gleiche Richtung.

Die sprachliche Gestaltungskraft Spittas kommt besonders in den Gedichten zur Geltung, in denen er die Freude an Gottes Schöpfung besingt. Ist es verwunderlich, wenn diese Texte in unseren Tagen, in denen wir die Bedrohung der Schöpfung erfahren, zu intensivem Nachdenken anregen? Auch in den Versen, in denen Spitta der Gegenwart Gottes in der Schöpfung nachgeht, bleibt er Theologe, der die Offenbarung Gottes in Christus als die eigentliche und für den Glaubenden entscheidende darstellt.

O wie ist es schön, zu lesen
In dem aufgeschlag'nen Buch
Der Natur von jenem Wesen,
Das man niemals hoch genug
Kann erheben, preisen, loben,
Das uns liebevoll umschlingt,
Dem der Chor der Engel droben
Laut das Dreimalheilig singt.

Ja, dich kenn' ich, Offenbarung
Meines Herrn in der Natur,
Seit aus eigener Erfahrung
Ich nicht blos der Liebe Spur
angedeutet, aufgeschrieben
In den Werken seiner Hand,
Nein, ihn selbst und all' sein Lieben
Wesentlich in Christo fand.
(Freude an der Schöpfung, erste Sammlung)

Spitta gibt »Psalter und Harfe« den Untertitel »Sammlung christlicher Lieder zur häuslichen Erbauung«. Die erste Sammlung erscheint 1833 mit 66 Liedern, die zweite Sammlung 1843 mit 40 Liedern. Jedes Lied ist mit einer Überschrift versehen. Das erste Lied der ersten Sammlung trägt den programmatischen Titel: »Auf! Psalter und Harfe«. Die zweite Sammlung schließt mit dem Lied von der erneuerten Kirche »Gottes Stadt steht fest gegründet«, in dem gleichzeitig die Mission und das Verhältnis Kirche und Israel besungen werden. So stellt sich heraus, daß die zweite Sammlung durch mehrere Lieder zu kirchlichen Amtshandlungen stärker die pfarramtliche Tätigkeit des Verfassers widerspiegelt. Beide Sammlungen haben von Anfang an eine außerordentlich weite Verbreitung erfahren. 1892 konnten für die erste Sammlung bereits 60 Auflagen nachgewiesen werden. Sie hat auch eine Übersetzung in die englische Sprache erfahren. Die einzelnen Auflagen sind sehr unterschiedlich. Auf der einen Seite finden sich aufwendige Geschenkausgaben zur Konfirmation und anderen Anlässen. Demgegenüber ist die Reclam-Ausgabe einfach gehalten. Die vorliegende Ausgabe beruht auf der 31. Auflage der ersten Sammlung (Leipzig, 1869) und der 18. Auflage der zweiten Sammlung (Leipzig, 1868).

Entgegen Spittas Absicht sind seine Lieder bald zu Gesängen der gottesdienstlichen Gemeinde geworden und haben Eingang in die Gesangbücher der damaligen Zeit gefunden. Im Stammteil des Evangelischen Kirchengesangbuches sind folgende Lieder enthalten:

Bei dir, Jesu, will ich bleiben	(279)
Ich steh in meines Herren Hand	(306)
Ich und mein Haus, wir sind bereit	(173)
O komm, du Geist der Wahrheit	(108)

In den Regionalteilen zum EKG finden wir die Lieder:

Es kennt der Herr die Seinen	(Württemberg 471)
Freuet euch der schönen Erde	(Niedersachsen 467)
Geist des Glaubens, Geist der Stärke	(Nordelbien 420)
Gottes Stadt steht fest gegründet	(Niedersachsen 422)
Hüter Israels, behüte	(Baden 486)
Kehre wieder	(Württemberg 447)
Nimm hin, was dein ist	(Württemberg 578)
O selig Haus	(Württemberg 449)
O wie freun wir uns der Stunde	(Baden 426)
Vollendet hat der Tag die Bahn	(Württemberg 591)
Wie wird uns sein	(Württemberg 574)

Im Stammteil des neuen Evangelischen Kirchengesangbuchs begegnen als Lieder Phillip Spittas:
Bei dir, Jesu, will ich bleiben
Es kennt der Herr die Seinen
Freuet euch der schönen Erde
Geist des Glaubens, Geist der Stärke
Ich steh in meines Herren Hand
O komm, du Geist der Wahrheit
Spittas Lieder haben nicht nur im niedersächsischen Raum Eingang gefunden. Zahlenmäßig am stärksten sind sie in dem EKG, Ausgabe Württemberg, vertreten. Vergleicht man Spittas Lieder mit denen Luthers, so sind sie weniger am Kirchenjahr und an den kirchlichen Festen orientiert. Ihr Merkmal ist die Liebe zu Jesus und das Vertrauen auf seine Hilfe. Beide Themen sind daher nicht kirchenjahreszeitlich gebunden.

Spittas Lieder sind vor allem in den Jahren 1824-1828 entstanden. Zur gleichen Zeit ist in Württemberg Albert Knapp als Liederdichter hervorgetreten. Beide wissen sich der Erweckung verpflichtet. Knapp hat sich vor allem einen Namen als Herausgeber des evangelischen Liedschatzes gemacht. Spitta dagegen war weniger an hymnologischen Fragen interessiert. Er ist als Liederdichter seinen Weg gegangen.
Spittas »Psalter und Harfe« neu herauszugeben geschieht in der Erwartung, daß seine Texte auch oder - anders gesagt - von neuem Menschen unserer Tage ansprechen. Sie reden die Sprache der Bibel und sind geprägt von einem starken Vertrauen zu Gott, das nicht in dogmatischen Denkformen, sondern in persönlichen Glaubenserfahrungen tiefen Ausdruck findet.
Wer die Lieder Spittas nach bestimmten Themen befragen will, kann sich der folgenden Anleitung bedienen:

Anbetung:	Erscheinung Christi (2)
	Der Herr ist mein Hirt (18)
	Ich bleibe stets bei dir (24)
Ewigkeit:	Unser Wandel ist im Himmel (30)
	Heimweh (61)
	Wie wird uns sein (66)
Glaube und Vertrauen:	Ruhe in Gott (15)
	Verständnis (16)

	Stunde des Herrn (19)
	Zuversicht (22)
	Ich glaube (23)
	Am Morgen (37)
	Des Christen Kreuz (51)
	Geduld (52)
	Schicket euch in die Zeit (53)
Haus:	Richte dein Amt redlich aus (II, 15)
	Zur guten Nacht (II, 20)
	Für die Jugend (II, 26)
	Am Abend (38)
	Diesem Haus ist Heil widerfahren (41)
	Ich und mein Haus (48)
	Dürre Zeit (57)
Kirche und Mission:	Pfingsten (5)
	Geist der Väter (6)
	Die Heidenboten (10)
	Hüter Israels (18)
	Der Herr kennt die Seinen (II, 30)
	Die Fülle Christi (II, 33)
	Gottes Stadt (II, 40)
Lob:	Auf! Psalter und Harfe (1)
	Ich will den Herren loben (II, 1)
Rechtfertigung:	Ich will euch nicht als Waisen lassen (II, 7)
	Ihr werdet euch freuen (26)
	Einkehr und Rückkehr (II, 27)
Schöpfung:	O du schönes Weltgebäude (33)
	Schönheit der Natur (34)
	Seht die Lilien (35)
	Im Winter (36)
Sündenbekenntnis:	Weinet nicht über mich (3)
	Kehre wieder! (12)
Wort Gottes und Gebet:	Das Wort des Lebens (8)
	Gottes Gebote sind nicht schwer (25)

Frau Dr. Inge Mager, Göttingen, und Pastor Detlef Klahr, Neuendettelsau, danke ich für wertvolle Hinweise.

Literatur

- Nathanael Bonwetsch: Zur religiösen Erweckung in der Hannoverschen Kirche des neunzehnten Jahrhunderts. Nach Briefen an den Legationsrat Freiherr August von Arnswaldt. Zeitschrift der Gesellschaft für niedersächsische Kirchengeschichte. 28. Band. 1923, S. 38-85
- Hansjörg Bräumer: August von Arnswaldt. Studien zur Kirchengeschichte Niedersachsens. 20. Band. Göttingen, 1972, S. 80-84
- Jürgen Heidrich: Untersuchungen zum geistlichen Lied der Erweckungsbewegung. Diss. theol. Mainz, 1962
- Eduard Emil Koch: Geschichte des Kirchenliedes. Band 7. Stuttgart, 1872, S. 232-247
- Konrad K. Münkel: Karl Johann Philipp Spitta. Ein Lebensbild. Leipzig, 1861, 2. Auflage, neu herausgegeben von Otto Mejer, Bremen, 1892
- Wilhelm Nelle: Zum Gedächtnis Philipp Spittas. Monatsschrift für Gottesdienst und kirchliche Kunst. VI. Band.Göttingen, 1901, S. 249-260 u. 418-422
- Wilhelm Nelle: Artikel zu Karl Johann Philipp Spitta. Realenzyklopädie für Theologie und Kirche. Leipzig, ^{3}1906, Band 18, S. 666-670
- Martin Schmidt: Rationalismus und Erweckungsbewegung am Beispiel der Kirchengemeinde Hameln. Jahrbuch der Gesellschaft für niedersächsische Kirchengeschichte. 63. Band. 1965, S. 280-308
- Ludwig Spitta: Karl Johann Philipp Spitta. »Psalter und Harfe.« Gotha, 1890

Auf! Psalter und Harfe

Jüngst war's öde, niemals öder
Auf dem Weg nach Kanaan,
Kaum zog hier und da ein blöder
Wandrer schüchtern seine Bahn.
Tausend spotteten und drohten,
Sahn sie ihn vorüberziehn;
Denn der Weg schien wie verboten
Und das heil'ge Land verschrien.

Zions Kinder zwar vergaßen
Ihrer Stadt zu seiner Zeit;
Doch an Babels Wassern saßen
Sie in großer Traurigkeit.
An den Trauerweiden hingen
Ihre Harfen, jeder mied,
In dem fremden Land zu singen
Seines Herren Lob und Lied.

Wenn sie mit einander sprachen
Von des Herren Herd und Haus,
Senkten sie das Haupt, es brachen
Seufzer, Klagen, Tränen aus;
Denn die Heiden hausten schändlich
Im entweihten Heiligtum,
Bis der Herr vom Himmel endlich
Half zu seines Namens Ruhm.

Von den Bergen stiegen wieder
Friedensboten in das Tal,
Freudenbotschaft, Heimatslieder
Hört man wieder auf einmal;
In der Wüste wird's lebendig,
Auf dem Wege wird's belebt,
Und man bittet den inständig,
Der zu folgen widerstrebt.

Ja, der Herr hat drein gesprochen
Ein gewalt'ges Allmachtswort,
Raum gegeben, Bahn gebrochen,
Und wir ziehn von Babel fort;
Nach so manchen schweren Leiden
Sah der Herr uns gnädig an;
Nehmt die Harfen von den Weiden,
Singe, wer da singen kann!

Gott, mein Schöpfer und Erhalter,
Mein Erlöser und mein Herr,
Dir ertönen Harf' und Psalter,
Dir und deines Namens Ehr'.
Deine Liebe laß mich preisen,
Deinen großen Gnadenrat,
Und so singend weiter reisen
Auf dem schmalen Pilgerpfad.

Erscheinung Christi

Der du in der Nacht des Todes,
Christ, erschienst, ein helles Licht,
Im Palaste des Herodes
Sucht' ich dich und fand dich nicht.
Fand nur Glanz und eitles Prangen,
Augenlust und Fleischeslust,
Doch nach dir blieb mein Verlangen
Ungestillt, und leer die Brust.

Weiter zu den Schriftgelehrten
Ging ich, suchend meinen Herrn,
Doch den Klugen und Verkehrten
War verborgen Jakobs Stern.
Zwar sie sprachen gleich den Blinden
Von dem aufgegangnen Licht,

Aber unter ihnen finden
Konnt' ich den Erlöser nicht.

Aus dem Tempel sah ich scheinen
Opferfeu'r und Pracht und Licht,
Ahnen konnt' ich hier den Einen,
Doch ihn selber fand ich nicht.
Und als ich den Herrn des Lebens
So in dir, Jerusalem,
Hin und her gesucht vergebens,
Zog ich fort nach Bethlehem.

Ging die Straße einsam weiter,
Denn sie war so still und leer,
Keinen Wanderer zum Leiter
Fand ich weit und breit umher.
Aber über meinem Haupte
Sah ich eines Sternes Schein;
Weil ich suchte, weil ich glaubte,
Ward zuletzt der Heiland mein.

Suche nur, so wirst du finden,
Werde nur nicht müd' und matt,
Laß durch nichts die Sehnsucht binden,
Welche Gott erwecket hat.
Folg nur ohne Widerstreiten
Glaubensvoll dem Wort des Herrn;
Licht von oben wird dich leiten,
Licht von oben gibt der Stern.

Weinet nicht über mich, weinet über euch!

Weint nicht über Jesu Schmerzen,
Weint nicht über Jesu Tod;
Weint erst über eurer Herzen

Unempfund'ne Sündennot.
Denn in ihm ist nicht erfunden
Eine Sünde, ein Betrug,
Nur für euch trägt er die Wunden,
Trägt nur eurer Sünde Fluch.

Ach, was hilft's, mit Weinen, Trauern
Unter seinem Kreuz zu stehn;
Ach, was hilft's, den Todesschauern,
Die er fühlte, nachzugehn;
Ach, was hilft's, das Los beklagen,
Das der Heil'ge sich erwarb -
Ohne sich einmal zu fragen:
Warum und für wen er starb?

Könnt ihr keine Sünde finden,
Keine, an des Menschen Sohn,
Ist der Tod allein der Sünden
Strafe und gerechter Lohn:
O dann muß er Strafe dulden,
Die er selber nicht verdient,
O dann sind es fremde Schulden,
Die er mit dem Tod versühnt!

Und für wen hat er gestritten
Diesen Kampf, dem keiner gleich?
Und für wen den Tod gelitten?
Für die Brüder nur, für euch!
Und nun sehet an den Reinen,
Wie er leidet in Geduld;
Und nun habt ihr Grund zu weinen,
Aber über eure Schuld.

Wenn ihr dann aus tiefstem Herzen
Eure Schuld erkennt, gesteht,
Wenn ihr in des Heilands Schmerzen
Eure Sünde Strafe seht,

Wenn ihr weint um eure Sünden:
O dann wird, der still und mild
Fremde Schuld trägt, euch verkünden,
Was die bittre Träne stillt.

Osterfeier

Wandle leuchtender und schöner,
Ostersonne, deinen Lauf,
Denn dein Herr und mein Versöhner
Stieg aus seinem Grabe auf.
Als das Haupt er sterbend beugte,
Bargst du dich in nächt'gem Flor,
Doch jetzt komm hervor und leuchte,
Denn auch er stieg längst empor!

Erde, breite dich in Frieden
Unter deinem Himmel aus,
Denn dein Herr ist nicht geschieden,
Er zerbrach des Todes Haus.
Deine starken Felsen bebten,
Als er seinen Geist verhaucht,
Grüße nun den Neubelebten,
Wonnevoll in Licht getaucht!

Doch du selber, meine Seele,
Sag, wie feierst du den Tag,
Da der Herr des Grabes Höhle
Mit gewalt'gem Arm durchbrach?
Feierst du sein Auferstehen
Auch in rechter Osterfreud'?
Kann man an dir selber sehen,
Welch ein hoher Festtag heut?

Bist du mit ihm auferstanden
Aus der Sünde Todesnacht?

Hast du dich von ihren Banden
Losgerungen, frei gemacht?
Oder liegst du noch verborgen
Und in deinen Sünden tot?
Kündet deinen Ostermorgen
Noch kein helles Morgenrot?

O dann laß dich nicht bedecken
Länger mehr die finstre Nacht;
Sieh, dein Herr ist dich zu wecken
Von dem Tode auferwacht.
Komm, vom Schlaf dich zu erheben,
Komm, der Fürst des Lebens ruft,
Wache auf zum neuen Leben,
Steig herauf aus deiner Gruft!

Sieh, er reicht dir hilfreich, gnädig
Die durchbohrten Hände hin,
Macht dich der Betäubung ledig,
Weckt mit Liebesruf den Sinn.
Keine Strafe sollst du scheuen,
Darum bleibe nicht zurück,
Raff dich auf, dich zu erfreuen
An des neuen Lebens Glück!

Steig empor zum neuen Leben,
Denn du schliefest lang genug,
Kraft zum Leben wird dir geben,
Der für dich den Tod ertrug.
Fang nur an erst aufzustehen,
Fühlst du dich auch noch so matt,
Der wird dir zu Seite gehen,
Der dich auferwecket hat.

O bedenke und erwäge,
Wie du gehn magst, nicht so lang,
Solch Bedenken macht nur träge,

Macht dich mehr noch schwach und krank,
Keine Hilfe wird versagen
Er, wenn du nur erst begannst,
Wird dich auf den Armen tragen,
Wo du selbst nicht gehen kannst.

Sieh, dein Herr ist auferstanden,
Daß du könntest auferstehn,
Aus der Sünde Haft und Banden
In die schönste Freiheit gehn.
Willst du ihm dich nur ergeben,
Streift er deine Ketten ab,
Und du siehst dein altes Leben
Hinter dir als leeres Grab.

Pfingsten

O komm, du Geist der Wahrheit
Und kehre bei uns ein,
Verbreite Licht und Klarheit,
Verbanne Trug und Schein.
Gieß aus dein heilig Feuer,
Rühr Herz und Lippen an,
Daß jeglicher getreuer
Den Herrn bekennen kann.

O du, den unser größter
Regent uns zugesagt,
Komm zu uns, werter Tröster
Und mach uns unverzagt.
Gib uns in dieser schlaffen
Und glaubensarmen Zeit
Die scharf geschliffnen Waffen
Der ersten Christenheit.

Unglaub' und Torheit brüsten
Sich frecher jetzt als je,
Darum mußt du uns rüsten
Mit Waffen aus der Höh'.
Du mußt uns Kraft verleihen,
Geduld und Glaubenstreu,
Und mußt uns ganz befreien
Von aller Menschenscheu.

Es gilt ein frei Geständnis
In dieser unsrer Zeit,
Ein offenes Bekenntnis
Bei allem Widerstreit;
Trotz aller Feinde Toben,
Trotz allem Heidentum
Zu preisen und zu loben
Das Evangelium.

Fern in der Heiden Lande
Erschallt dein kräftig Wort,
Sie werfen Satans Bande
Und ihre Götzen fort.
Von allen Seiten kommen
Sie in das Reich hinein.
Ach soll es uns genommen,
Für uns verschlossen sein?

O wahrlich, wir verdienen
Solch strenges Strafgericht,
Uns ist das Licht erschienen,
Allein wir glauben nicht.
Ach lasset uns gebeugter
Um Gottes Gnade flehn,
Daß er bei uns den Leuchter
Des Wortes lasse stehn.

Du heil'ger Geist, bereite
Ein Pfingstfest nah und fern,

Mit deiner Kraft begleite
Das Zeugnis von dem Herrn.
O öffne du die Herzen
Der Welt, und uns den Mund,
Daß wir in Freud' und Schmerzen
Das Heil ihr machen kund.

Der Geist der Väter

Geist des Glaubens, Geist der Stärke
Des Gehorsams und der Zucht,
Schöpfer aller Gotteswerke,
Träger aller Himmelsfrucht!
Geist, der einst der heil'gen Männer,
Kön'ge und Prophetenschar,
Der Apostel und Bekenner
Trieb und Kraft und Zeugnis war!

Rüste du mit deinen Gaben
Auch uns schwache Kinder aus,
Kraft und Glaubensmut zu haben,
Eifer für des Herren Haus;
Eine Welt mit ihren Schätzen,
Menschengunst und gute Zeit,
Leib und Leben dran zu setzen
In dem großen, heil'gen Streit.

Gib uns Abrahams gewisse,
Feste Glaubenszuversicht,
Die durch alle Hindernisse,
Alle Zweifel siegend bricht;
Die nicht bloß dem Gnadenbunde
Trauet froh und unbewegt,
Auch das Liebste jede Stunde
Gott zu Füßen niederlegt.

Gib uns Josephs keusche Sitten,
Wenn die Welt ohn' Scham und Zucht
Uns durch Dräuen, uns durch Bitten
In ihr Garn zu ziehen sucht.
Lehr uns fliehen, lehr uns meiden
Diese üpp'ge Potiphar,
Ihren Haß geduldig leiden,
Gott getreu sein immerdar.

Gib uns Moses brünst'ges Beten
Um Erbarmung und Geduld,
Wenn durch freches Übertreten
Unser Volk häuft Schuld auf Schuld
Laß uns nicht mit kaltem Herzen
Unter den Verdorbnen stehn,
Nein, mit Moses heilgen Schmerzen
Für sie seufzen, weinen, flehn.

Gib uns Davids Mut zu streiten
Mit den Feinden Israels,
Sein Vertraun in Leidenszeiten
Auf den Herren, seinen Fels;
Feindeslieb und Freundestreue,
Seinen königlichen Geist,
Und ein Herz, das voller Reue
Gottes Gnade sucht und preist.

Gib Elias heil'ge Strenge,
Wenn den Götzen dieser Zeit
Die verführte, blinde Menge
Tempel und Altäre weiht.
Daß wir nie vor ihnen beugen
Haupt und Knie, auch nicht zum Schein,
Sondern fest als deine Zeugen
Dastehn, wenn auch ganz allein.

Gib uns der Apostel hohen,
Ungebeugten Zeugenmut,

Aller Welt trotz Spott und Drohen
Zu verkünden Christi Blut.
Laß die Wahrheit uns bekennen,
Die uns froh und frei gemacht;
Gib, daß wir's nicht lassen können,
Habe du die Übermacht!

Schenk uns gleich dem Stephan Frieden
Mitten in der Angst der Welt,
Wenn das Los, das uns beschieden,
In den schwersten Kampf uns stellt.
In dem rasenden Getümmel
Schenk uns Glaubensheiterkeit,
Öff'n im Sterben uns den Himmel,
Zeig uns Jesu Herrlichkeit!

Geist des Glaubens, Geist der Stärke,
Des Gehorsams und der Zucht,
Schöpfer aller Gotteswerke,
Träger aller Himmelsfrucht,
Geist, du Geist der heil'gen Männer,
Kön'ge und Prophetenschar,
Der Apostel und Bekenner -
Auch bei uns werd offenbar!

Sehet, welch eine Liebe!

Sehet, sehet, welche Liebe
Hat der Vater uns erzeigt,
Sehet, wie er voll Erbarmen
Über uns sein Antlitz neigt!
Seht, wie er das Allerbeste
Für das Allerschlecht'ste gibt,
Seinen Sohn für unsre Sünden -
Sehet, seht, wie er uns liebt!

Sehet, sehet, welche Liebe
Unser Heiland zu uns trägt,
Wie er alles für uns leidet,
Selbst, daß man ans Kreuz ihn schlägt,
Wie er da auch noch den letzten
Tropfen Bluts für uns vergießt.
Sehet, seht, ob das nicht Liebe,
Namenlose Liebe ist!

Sehet, sehet, welche Liebe
Uns erzeigt der heil'ge Geist,
Wie er auch den ärgsten Sünder
Gern zum Leben unterweist,
Wie er strafend, lehrend, tröstend
Immer zu den Menschen spricht!
O wer priese solche große,
Dreifach große Liebe nicht!

Das Wort des Lebens

Wort des Lebens, lautre Quelle,
Die vom Himmel sich ergießt,
Lebenskräfte gibst du jedem,
Der dir Geist und Herz erschließt;
Der sich wie die welke Blume,
Die der Sonnenbrand gebleicht,
Dürstend von dem dürren Lande
Zu der Quelle niederneigt.

Ohne dich, was ist die Erde?
Ein beschränktes, finstres Tal,
Ohne dich, was ist der Himmel?
Ein verschloß'ner Freundensaal.
Ohne dich, was ist das Leben?
Ein erneuter finstrer Tod.

Ohne dich, was ist das Sterben?
Nachtgraun ohne Morgenrot.

Wort des Lebens, du erleuchtest,
Doch erwärmst du auch zugleich;
Eine Hölle offenbarst du,
Aber auch ein Himmelreich.
Furchtbar schreckest du den Sünder
Aus der dumpfen, trägen Ruh';
Doch mit Liebe deckst du wieder
Jedes Büßers Fehle zu.

Einen Richter lehrst du fürchten,
Der mit rechter Waage wägt;
Doch auch einen Vater lieben,
Der mit Langmut alle trägt,
Einen Gott, der den geliebten
Ein'gen Sohn zum Opfer gibt,
Der an ihm die Sünde richtet,
Und in ihm die Sünder liebt.

Wort des Lebens, wer dich höret,
Dem versprichst du ew'ges Heil;
Doch nur dem, der dich bewahret,
Wird das Kleinod einst zuteil.
Nun, so will ich dich bewahren,
Schwert des Geistes, Gottes Wort,
Hilf mir hier auf Erden streiten
Und die Kron' erwerben dort!

Das Lied der Lieder

Es gibt ein Lied der Lieder,
Das singst du immer wieder,
Wenn du es einmal singen lernst;

Kein Mensch hat es ersonnen,
Das Lied so reich an Wonnen,
Und doch so lehrreich, tief und ernst.

Es singt von einer Liebe,
Vor der des Lebens Trübe
Wie Nebel vor der Sonne flieht.
Wie weichen alle Schmerzen,
Wenn man so recht von Herzen
Anstimmen kann das schöne Lied!

Die Heidenboten

Hochgesegnet seid ihr Boten,
Die der Herr ins ferne Land
Zu den Blinden und den Toten
Heil verkündend ausgesandt.
Dringet weiter durch die trübe
Schreckenvolle Finsternis,
Euren Glauben, eure Liebe
Krönt der Herr mit Sieg gewiß!

Schwinget mutig in die Höhe
Jesu Christi Kreuzesfahn',
Daß die Heidenwelt ihn sehe,
Dem die Welten untertan.
Werdet aller Welt ein Zeichen
Von des Herren Majestät,
Daß er siegen muß, sie weichen
Sei es früher oder spät.

O! ihr glaubensstarken Streiter,
Ohne Kriegsgerät und Schwert,
Dringet nur erobernd weiter,
Eures Herren ist die Erd'.
Der euch sandte, wird euch helfen,

Euer König steht euch bei,
Ob auch Schafe unter Wölfen,
Sollt ihr wandeln froh und frei.

Liebe hat euch angetrieben,
Fachte hell die Sehnsucht an,
An den Brüdern auszuüben,
Was der Herr an euch getan.
Darum sucht ihr nicht das Eure,
Sucht nicht Ehre, Ruhm und Gut,
Nein, ihr preiset nur das teure
Für die Welt vergoß'ne Blut.

Traget denn die Schmach und Schande
Von der Welt vergnügt und gern;
Freut euch, seht ihr alle Lande
Voll der Herrlichkeit des Herrn.
Freut euch, daß ihr auserkoren,
Zeugen seines Siegs zu sein,
Daß ihr stehet an den Toren,
Da der König ziehet ein.

Hosiannah! jubeln, singen
Tausende nach Nacht und Pein,
Und die fernsten Völker dringen
In das Himmelreich hinein;
Und viel tausend Kniee beugen
Sich vor Christo, Gottes Sohn;
Und das ist, ihr treuen Zeugen,
Eurer Arbeit süßer Lohn.

Einigkeit im Geist

Allen ist ein Heil beschieden
Und ein Erbteil ausersehn,
Darum lasset uns in Frieden,

Brüder, miteinander gehn;
Aller Streit
Weiche weit
Auf dem Weg zur Ewigkeit.

Eintracht ist vor allem nütze
Uns, die wir nur fremd hier sind,
Eintracht ist die beste Stütze,
Wenn die Welt den Kampf beginnt.
Herz an Herz
Ist der Schmerz
In der Welt nur halber Schmerz.

Laßt uns nicht um Worte zanken,
Sind wir nur im Wesen eins;
Laßt uns nicht am Mißtraun kranken,
An dem Trugschluß äußern Scheins.
Wo nur ist
Jesus Christ,
Weiche aller eitle Zwist.

Alle Seitenblicke taugen
Nicht für uns, für andre nicht,
Habt nur euer Heil vor Augen,
Überlasset das Gericht
Dem allein,
Der in dein
Und in mein Herz schaut hinein.

Laßt uns trachten denn vor allem,
Wie wir selber früh und spät
Unserm Herren wohlgefallen;
So verschwindet, so vergeht
Aller Neid,
Aller Streit,
Und mit ihm viel Herzeleid.

Kehre wieder!

Kehre wieder, kehre wieder,
Der du dich verloren hast,
Sinke reuig bittend nieder
Vor dem Herrn mit deiner Last!
Wie du bist, so darfst du kommen
Und wirst gnädig aufgenommen.
Sieh, der Herr kommt dir entgegen,
Und sein heil'ges Wort verspricht
Dir Vergebung, Heil und Segen;
Kehre wieder, zaudre nicht!

Kehre aus der Welt Zerstreuung
In die Einsamkeit zurück,
Wo in geistiger Erneuung
Deiner harrt ein neues Glück,
Wo sich bald die Stürme legen,
Die das Herz so wild bewegen;
Wo des heil'gen Geistes Mahnen
Du mit stillem Beben hörst,
Und von neuem zu den Fahnen
Jesu Christi heilig schwörst.

Kehre wieder, irre Seele;
Deines Gottes treues Herz
Beut Vergebung deinem Fehle,
Balsam für den Sündenschmerz.
Sieh auf den, der voll Erbarmen
Dir mit ausgestreckten Armen
Winket von dem Kreuzesstamme;
Kehre wieder, fürchte nicht,
Daß der Gnäd'ge dich verdamme,
Dem sein Herz vor Liebe bricht.

Kehre wieder; neues Leben
Trink in seiner Liebeshuld;

Bei dem Herrn ist viel Vergeben,
Große Langmut und Geduld.
Faß ein Herz zu seinem Herzen.
Er hat Trost für alle Schmerzen,
Er kann alle Wunden heilen,
Macht von allem Aussatz rein,
Darum kehre ohne Weilen
Zu ihm um und bei ihm ein.

Kehre wieder, endlich kehre
In der Liebe Heimat ein,
In die Fülle aus der Leere,
In das Wesen aus dem Schein!
Aus der Lüge in die Wahrheit,
Aus dem Dunkel in die Klarheit.
Aus dem Tode in das Leben
Aus der Welt ins Himmelreich!
Doch was Gott dir heut will geben,
Nimm auch heute - kehre gleich!

Meine Seele dürstet nach dem lebendigen Gott

Fraget doch nicht, was mir fehle,
Forschet nicht nach meinem Schmerz;
Durst nach Gott füllt meine Seele,
Drang zu Gott verzehrt mein Herz.
Gebt mir alles, und ich bleibe
Ohne Gott doch arm und leer,
Unbefriedigt, dürstend treibe
In der Welt ich mich umher.

Reichtum, Wollust, Pracht und Ehre,
Schönheit, Kunst und Wissenschaft,
Nichts von allem füllt die Leere
Meines Herzens, gibt ihm Kraft.

Kraft zum Leben, Lieben, Leiden,
Trost, Geduld bei Hohn und Spott,
Freudigkeit und Mut zum Scheiden
Gibt nur der lebend'ge Gott.

Zwar ein Götze blinder Heiden,
Werk der Hände, Bild der Kunst,
Stillt nicht meiner Seele Leiden,
Ist nur Eitelkeit und Dunst.
Auch das Bildnis der Gedanken
Und Begriffe dieser Zeit
Setzen nicht der Sehnsucht Schranken,
Die nach Gott, nach Gott nur schreit.

Ach! wann werd' ich dahin kommen,
Daß ich Gottes Antlitz schau',
Aller Eitelkeit entnommen
Nur auf ihn allein vertrau'?
Ach! wann werd' ich so ihn haben,
Daß mir nichts mehr ihn entreißt,
So mit allen seinen Gaben,
Wie sein Wort ihn mir verheißt?

Wann wird seines Geistes Fülle
Mich zum Tempel Gottes weihn?
Wann sein großer, heil'ger Wille
Meines Willens Wille sein?
Wann wird jegliche Begierde
In der einen untergehn,
Als sein Werk, zu seiner Zierde
Allenthalben dazustehn?

O ich weiß, die angefachte
Sehnsucht bleibt nicht ew'ge Qual;
Der die Seele dürstend machte,
Stillet ihren Durst einmal.
Wenn die Wüste sie vertauschen

Darf mit Edens Lustgefild,
Wo die Lebensströme rauschen,
Wird der heiße Durst gestillt.

Trost in Jesu Liebe

Still an deinem liebevollen Herzen
Laß mich ruhn, mein Jesu, meine Lust,
Alle meine Sorgen, meine Schmerzen
Schütten in des Freundes treue Brust.
Deine Lieb' erkaltet nicht, nur neuer,
Wärmer wird sie immer mit der Zeit,
Deine Treue zeigt sich immer treuer
Bis hinaus in alle Ewigkeit.

Was ist andrer Liebe gegen deine
Von unschätzbar hohem, ew'gen Wert!
Gibt es unter Menschen auch wohl eine,
Die der Zeiten Wechsel nicht erfährt,
Die im kalten Leben nicht erkaltet,
In der Welt Verderben nicht verdirbt,
Wenn das Leben altert, nicht veraltet,
Wenn das Leben stirbt, nicht auch erstirbt?

O! und was dem Menschen noch geblieben
Von der Liebe hier im Erdental,
Wird es nicht mit so vielen bösen Trieben
Untermischt voll Unruh' und voll Qual?
Um die Liebe wirbt der Mensch mit Schmerzen,
Und, geliebt, ringt er mit neuer Not,
Tausend Feinde lauern, drohn dem Herzen
Seiner Liebe Untergang und Tod.

Aber ohn' Ermessen, ohn' Ergründen,
Ohne Wandel, rein und ungetrübt

Hast uns du, O Herr, trotz unsrer Sünden
Argem Makel je und je geliebt.
Und wenn unsre schwache Gegenliebe
Auch erlöschte, deine Lieb' ist treu,
Wie du liebst von Ewigkeit, so bliebe
Deine Liebe ewig jung und neu.

O! der du mit liebendem Erbarmen
Jeden aufnimmst, der nach dir nur fragt,
Und an deinem Herzen jedem Armen
Hast ein selig Plätzchen zugesagt:
Laß, oh Herr, so oft von Schmerzenstränen
In der kalten Welt mein Blick sich trübt,
Still an deine treue Brust mich lehnen,
Sclig, daß auch ich von dir gclicbt.

Ruhe in Gott

Aus dir selber strebst du nur vergebens
Licht zu schöpfen, Friede, Freud' und Glück,
Darum zu der Quelle deines Lebens
Eile du, zu deinem Gott, zurück.
Dahin, wo dein Leben angefangen,
Dahin richte Sehnsucht und Verlangen,
Deine Seele findet dann erst Ruh',
Wendet sie sich ihrem Schöpfer zu.

Aber ach, du kannst nicht zu ihm gehen,
Denn du siehst wie eine Scheidewand
Zwischen ihm und dir die Sünde stehen.
Sieh, da reicht dir liebevoll die Hand
Dein Erlöser, hebt dich voll Erbarmen
Auf zu Gott mit seinen Liebesarmen,
Der die mächt'ge Scheidewand zerschlug,
Als der Mittler deine Sünde trug.

Sieh, so gab dein Schöpfer dir das Leben,
Und dein Heiland gibt dir's noch einmal;
Und es will dein Gott noch mehr dir geben,
Einen Führer durch dies finstre Tal,
Seinen heil'gen Geist, den Geist der Wahrheit,
Der dem Herzen Ruh', dem Geiste Klarheit,
Kraft und Trieb zu allem Guten gibt,
Und dich lehrt, wie dich der Vater liebt.

Und nun bist du zu der Lebensquelle
Umgekehrt, und durch den Flor der Zeit
Sehen deine Blicke freudenhelle
In die wonnevollste Ewigkeit;
Fühlst dich selig und mit Gott versöhnet,
Siehst dich mit Barmherzigkeit gekrönet,
Und genießest in des Lebens Streit
Schon in Hoffnung deine Seligkeit.

Darum suchst du Ruhe, such sie nimmer
Weder in dir selbst, noch in der Welt,
Solch ein Suchen macht die Unruh' schlimmer,
Ist mit tausendfachem Weh vergällt;
Solch ein Suchen macht wohl matt und müde,
Aber ist ein müder Schlaf denn Friede,
Glaubst du, daß ein Mensch, vom Suchen matt,
Schlafend schon die Ruh' gefunden hat?

Bett' ein Kindlein in die weichste Wiege,
Wieg' es ein mit Sang und Spiel und Lust;
Aber siehe, ob's nicht sanfter liege,
Stiller schlumm're an der Mutter Brust.
Wo's den ersten Lebenstrank gefunden,
Will es, müde, schlafen, krank, gesunden. -
Seele, wende deinem Gott dich zu,
Nur in ihm ist für dich wahre Ruh'.

Verständnis

Der Mensch hat bange Stunden,
Viel unverstand'nen Schmerz;
Wenn er dich, Herr, gefunden,
Versteht er erst sein Herz.
Wenn er dich hat gesehen
In deiner Wahrheit Glanz,
Kann er sich erst verstehen
In seinem Irrtum ganz.

Im Licht, drin er dich schauet,
Er erst sich selber schaut;
Wenn er sich dir vertrauet,
Wird er mit sich vertraut.
Er lernt an deiner Größe
Die eigne Niedrigkeit,
Und seine Sündenblöße
An deiner Herrlichkeit.

O das ist große Güte,
Anbetungswürd'ge Huld!
Du führst uns zu Gemüte
Erst dann recht unsre Schuld,
Wenn wir den Sündentilger
In dir zugleich erkannt,
Und bei dir für uns Pilger
Ein Ziel und Vaterland.

O Gott, was kann uns fehlen,
Wenn du so zwiefach gibst!
Was kann uns nun noch quälen,
Wenn du uns also liebst,
Daß, eh' wir unser Leben
Sehn voll von Sünd' und Not,
Du schon den Sohn gegeben
Für uns in Kreuz und Tod.

Soll ich nun mehr mich freuen,
Daß du mich so geliebt?
Soll ich nun mehr bereuen,
Daß ich dich so betrübt?
O beides willst du haben;
Arm soll ich selbst mich sehn,
Doch reich durch deine Gaben
Den Weg des Lebens gehn.

Dank dir, daß ich gefunden
Dich selbst und auch mein Herz
Nach so viel bangen Stunden
Und unverstand'nem Schmerz.
Ich denk' an deine Treue,
Und seh' zum Himmel auf
Und lass' in Freud' und Reue
Den Tränen freien Lauf.

Der Heiland der Sünder

Heiland aller Sünder!
Rühre meine Seele,
Daß sie dich allein erwähle;
Daß sie in dir suche
Völliges Genügen;
Daß sie deiner Liebe Zügen
Allezeit
Sei bereit
Ganz sich hinzugeben,
Und darnach zu leben.

Laß mich's recht erkennen
Immer mehr im Leben,
Wie viel Schuld mir sei vergeben;
Daß, von so viel Gnade

Endlich überwogen
Und von Dankbarkeit gezogen,
Sich mein Herz
Himmelwärts
Von der Erde hebe,
Dir allein nur lebe.

Ach ich muß noch täglich
Neue Schuld entdecken,
Die du gnädig mußt bedecken,
Soll ich nicht verzagen.
Schwach bin ich und elend,
Täglich strauchelnd, stündlich fehlend!
Aber du
Deckest zu,
Liebe ohn' Ergründen,
So viel tausend Sünden.

Eh' du mich ergriffen,
Eh' ich dich gefunden,
War der Sünde ich verbunden,
War sie mein Gebieter,
Dem ohn' Widerstreben
Ich gezwungen war zu leben,
Dem als Knecht
Ich das Recht
Selbst ja übertragen,
Herrschend mich zu plagen.

Doch seit du, mein Heiland,
Hilfreich mir erschienen,
Und der Sünd' als Knecht zu dienen
Und ihr zu gehorchen
Mich nun nichts verpflichtet,
Weil den Schuldzwang du vernichtet,
Sucht im Streit
Allezeit

Sie mich zu bezwingen
Und ins Joch zu bringen.

O! da stehst du schützend,
Hältst, was du verheißen:
Daß uns nichts soll dir entreißen.
Wenn wir aber fallen,
Lässest du uns merken,
Wie uns du allein kannst stärken,
Wie so weit
Auch im Streit
Ohne dich die Sünde
Stets uns überwinde.

Aber du vertrittst uns
Hilfreich für uns stehend,
Bei dem Vater für uns flehend,
Daß er uns vergebe
Alle unsre Schulden,
Unsre Schwachheit möge dulden.
O dein Blut
Kommt zu gut
Immer noch uns allen,
Wenn wir strauchelnd fallen.

Gnäd'ger Hoherpriester,
Der sein Blut vergossen,
Und das Heiligtum erschlossen
Für uns arme Sünder!
Wenn wir dennoch sünd'gen,
Wollst du tröstend uns verkünd'gen:
Ihr seid mein
Und auch rein,
Wenn ihr euch ergebet
Mir, durch den ihr lebet.

O du Lieb' ohn' Ende,
Treue ohn' Ermessen,
Können wir denn je vergessen,
Wie du uns getröstet,
Wie du uns getragen?
Kann uns etwas noch verklagen
Hier und dort,
Wenn stets fort
Du uns, Herr vergibest,
Und ohn' Ende liebest?

Der Herr ist mein Hirt

Ich höre deine Stimme,
Mein Hirt, und allgemach,
Wenn auch in Schwachheit, klimme
Ich deinen Schritten nach.
O laß zu allen Zeiten
Mich deine Wege gehn,
Und deinem sanften Leiten
Mich niemals widerstehn.

Dein Stab und Stecken trösten
Mich, wenn Gefahr mir droht,
Du zeigest dich am größten
Mir in der größten Not.
Will mir die Kraft verschwinden
Und aller Mut entfliehn,
Weißt du doch Rat zu finden,
Mich aus der Angst zu ziehn.

Oft denk' ich: Wie wird's weiter
In dieser Leidensnacht?
Da wird's auf einmal heiter,
Daß mir das Herze lacht.

Oft bin ich wie gebunden,
Und weiß nicht aus noch ein;
Und doch wird bald gefunden
Ein Ausgang aus der Pein.

Oft fühl' ich mich so traurig
In dieser argen Welt,
Die Zukunft sich so schaurig
Mir vor die Seele stellt.
Dein Wort, zum Heil beschieden,
Spricht dann mir tröstend zu,
Da geb' ich mich zufrieden
Und finde in dir Ruh'.

Oft machen mir der Sünden
Verborg'ne Wunden Gram,
Da weißt du zu verbinden,
Zu heilen wundersam.
Oft sink ich müde nieder,
Ermatt' in meinem Lauf,
Da weckest du mich wieder
Und richtest sanft mich auf.

Mein Hirt, mein Gnadenspender,
Zieh mich dir kräftig nach,
Ich folgte gern behender,
Allein ich bin so schwach.
O komm, mir beizuspringen,
Wenn ich nicht weiter kann,
Es wird mir wohl gelingen,
Nimmst du dich meiner an.

Vielleicht ist's nur ein Kleines,
So ist die Mühe aus,
Du führst mich dann in deines
Und meines Vaters Haus;
Dann wird dein treues Leiten

Durch so viel Angst und Pein
Für alle Ewigkeiten
Mein Dank- und Loblied sein.

Die Stunde des Herrn

Meine Stund' ist noch nicht kommen!
Herz, das soll die Antwort sein,
Wenn du ängstlich und beklommen
Fragst nach Rettung aus der Pein.
Halte nur ein wenig an,
Wohl geharrt, ist wohlgetan.

Wenn der Leiden große Menge
Dich nicht ruhn läßt Tag und Nacht,
Wenn du recht in das Gedränge
Durch den Drang der Not gebracht,
Halte dich an dieses Wort,
Und dann leide ruhig fort.

Alle Schläuche, alle Krüge
Müssen erst geleeret sein,
Und bis auf die letzten Züge
Ausgeschöpft der Freudenwein;
Wissen wir erst keinen Rat,
Hilft der Herr mit Rat und Tat.

Wird man täglich, stündlich weher,
Alles Trostes ganz beraubt,
Kommt uns auch der Tröster näher,
O viel näher, als man's glaubt,
Denn es bricht ihm ja sein Herz
Über uns und unsern Schmerz.

Hat man's doch mit keinem harten,
Unbarmherz'gen Herrn zu tun;

Kann man in Geduld nur warten
Und in stillem Glauben ruhn,
So erkennt, erfährt man dies:
Seine Stunde kommt gewiß.

Fragst du, Herz: Wann kommt die Stunde?
Dann, wenn dir's am meisten frommt.
Trau dem Wort aus seinem Munde,
Bis einst seine Stunde kommt;
Leide, glaube, hoffe still,
Bis sich's herrlich enden will.

O die Stunde der Genesung
Und das Ende aller Not,
O die Stunde der Erlösung
Von dem letzten Feind, dem Tod,
Die wird dann nach allem Leid
Zeigen seine Herrlichkeit.

Dein bin ich

Ich nehme, was du mir bestimmst,
Ich lasse fahren, was du nimmst;
Wohin du führst, will ich auch ziehen,
Was du verbeutst, das will ich fliehen.
Mach's, wie du willst, ich bin's zufrieden,
Nur daß wir bleiben ungeschieden.

Ich will nicht, was mein Wille will,
Nur deinen Willen fromm und still
Mir stets zur Richtschnur ausersehen,
Niemals auf eignen Wegen gehen;
Ich will, geführt von deinen Händen,
Beginnen, fortgehn und vollenden.

Ich wär' ein Tor, wenn ich auf mich
Vertrauen wollte, nicht auf dich.
Ich hab' mich hundertfach belogen,
Verführt, verraten und betrogen,
Ich hab' auf selbsterwählten Wegen
Noch nie gefunden Heil und Segen.

Doch du, Herr, hast mich wohlbedacht,
Hast alles recht und gut gemacht.
Wie oft bist du mir ungebeten
In den verkehrten Weg getreten;
Hätt'st du dich mein nicht angenommen,
Ich wäre nie zu dir gekommen.

Meine Seele ist still zu Gott

Zu Gott ist meine Seele still
Und stellet ein ihr Klagen;
Er mach' es mit mir, wie er will,
In allen meinen Tagen.
Er ist der Herr, ich bin der Knecht,
Und was er tut, das ist mir recht,
Sein Weg ist Güt' und Wahrheit.

Wie schwer ist's doch, ganz still zu sein,
Wenn Gott wir nicht verstehen,
Wie redet man so bald ihm drein,
Als ob er was versehen;
Wie stellt man ihn zur Rede gar,
Wenn seine Wege wunderbar
Und unbegreiflich werden!

Man fragt: Warum nun dies und das?
Man seufzt: Ach, wie will's werden!
Man klagt: Wie geht's ohn' Unterlaß

So widrig mir auf Erden!
Man murrt: Mein Unglück ist zu groß,
Ich hätte wohl ein beßres Los
Verdient, als mir gefallen!

Das tun wir, und der Güt'ge schweigt,
Bis er durch seiner Taten
Glorreichen Ausgang uns gezeigt,
Daß ihm doch nichts mißraten.
Dann kommt auch endlich unsre Stund',
Wo voll Beschämung wir den Mund
Vor ihm nicht auftun mögen.

Drum, meine Seele, sei du still
Zu Gott, wie sich's gebühret,
Wenn er dich so, wie er es will,
Und nicht, wie du willst, führet.
Kommt dann zum Ziel der dunkle Lauf,
Tust du den Mund mit Freuden auf,
Zu loben und zu danken.

Dann wird dich's nach der kurzen Frist
Recht innerlich erfreuen,
Daß du fein still gewesen bist
Und nichts hast zu bereuen;
Und endlich nach der Schweigenszeit
Kannst du in sel'ger Ewigkeit
Laut jubeln Gott zur Ehre.

Zuversicht

Ich steh' in meines Herren Hand
Und will drin stehen bleiben,
Nicht Erdennot, nicht Erdentand
Soll mich daraus vertreiben;

Und wenn zufällt
Die ganze Welt,
Wer sich an ihm, und wen er hält,
Wird wohlbehalten bleiben.

Er ist ein Fels, ein sichrer Hort,
Und Wunder sollen schauen,
Die sich auf sein wahrhaftig Wort
Verlassen und ihm trauen.
Er hat's gesagt,
Und darauf wagt
Mein Herz es froh und unverzagt,
Und läßt sich gar nicht grauen.

Und was er mit mir machen will,
Ist alles mir gelegen,
Ich halte ihm im Glauben still
Und hoff' auf seinen Segen;
Denn was er tut,
Ist immer gut,
Und wer von ihm behütet ruht,
Ist sicher allerwegen.

Ja, wenn's am schlimmsten mit mir steht,
Freu' ich mich seiner Pflege;
Ich weiß, die Wege, die er geht,
Sind lauter Wunderwege.
Was böse scheint,
Ist gut gemeint,
Er ist doch nimmermehr mein Feind,
Und gibt nur Liebeschläge.

Und meines Glaubens Unterpfand
Ist, was er selbst verheißen:
Das nichts mich seiner starken Hand
Soll je und je entreißen.
Was er verspricht,

Das bricht er nicht.
Er bleibet meine Zuversicht,
Ich will ihn ewig preisen.

Ich glaube

Ich glaube, darum rede ich,
Was mir von Gott geschehn;
Ich glaube, drum entblöde ich
Mich nicht, frei zu gestehn:
Es ist in keinem andern Heil,
Als in dem Herren Christ,
Und der nur hat das gute Teil,
Dem er ein Heiland ist.

Ich glaube, darum liebe ich
Den, der mir Schirm und Hort;
Ich glaube, darum triebe mich
Von ihm auch nichts mehr fort;
Und offen künd' ich's jedermann,
Er ist mein Heil allein,
Und wo ich ihn nicht haben kann,
Da mag ich auch nicht sein.

Ich glaube, darum fliehe ich
Nicht vor der Angst der Welt;
Ich glaube, darum ziehe ich
Als Streiter in das Feld,
Und kämpfe freudig manche Schlacht,
Trotz Feindes Macht und List,
Denn der mich stark und mutig macht,
Der heißet Jesus Christ.

Ich glaube, darum leide ich
Geduldig manche Not;

Ich glaube, darum scheide ich
Vom Herrn auch nicht im Tod.
Denn er gibt Hilfe, Trost und Rat
In jeder Not und Pein,
Und führt mich auf dem Todespfad
Ins ew'ge Leben ein.

Erhalt mich, Herr, im Glauben dir,
So kann ich halten Stand,
Und folge deinem Siegspanier
Bis ins gelobte Land.
Mein Josua, du führest mich,
Und ich zieh' hinterdrein!
Mein Herzog, laß mich ewiglich
Mit dir verbunden sein.

Ich bleibe stets bei dir

Bei dir, Jesu, will ich bleiben,
Stets in deinem Dienste stehn,
Nichts soll mich von dir vertreiben,
Will auf deinen Wegen gehn.
Du bist meines Lebens Leben,
Meiner Seele Trieb und Kraft,
Wie der Weinstock seinen Reben
Zuströmt Kraft und Lebenssaft.

Könnt' ich's irgend besser haben,
Als bei dir, der allezeit
So viel tausend Gnadengaben
Für mich Armen hat bereit?
Könnt' ich je getroster werden,
Als bei dir, Herr Jesu Christ,
Dem im Himmel und auf Erden
Alle Macht gegeben ist?

Wo ist solch ein Herr zu finden,
Der, was Jesus tat, mir tut,
Mich erkauft von Tod und Sünden
Mit dem eignen teuren Blut?
Sollt' ich dem nicht angehören,
Der sein Leben für mich gab,
Sollt' ich ihm nicht Treue schwören,
Treue bis in Tod und Grab?

Ja, Herr Jesu, bei dir bleib' ich,
So in Freude wie in Leid;
Bei dir bleib' ich, dir verschreib' ich
Mich für Zeit und Ewigkeit.
Deines Winks bin ich gewärtig,
Auch des Rufs aus dieser Welt;
Denn der ist zum Sterben fertig,
Der sich lebend zu dir hält.

Bleib mir nah auf dieser Erden,
Bleib auch, wenn mein Tag sich neigt.
Wenn es nun will Abend werden
Und die Nacht hernieder steigt,
Lege segnend dann die Hände
Mir aufs müde, schwache Haupt,
Sprechend: Sohn, hier geht's zu Ende,
Aber dort lebt, wer hier glaubt.

Bleib mir dann zur Seite stehen,
Graut mir vor dem kalten Tod,
Als dem kühlen, scharfen Wehen
Vor dem Himmelsmorgenrot.
Wird mein Auge dunkler, trüber,
Dann erleuchte meinen Geist,
Daß ich fröhlich zieh' hinüber,
Wie man nach der Heimat reist.

Gottes Gebote sind nicht schwer

Am Ende ist's doch gar nicht schwer,
Ein sel'ger Mensch zu sein;
Man gibt sich ganz dem Herren her,
Und hängt an ihm allein.

Man ist nicht Herr, man ist nicht Knecht,
Man ist ein fröhlich Kind,
Und wird stets sel'ger, wie man recht
Den Herren lieb gewinnt.

Man wirkt in stiller Tätigkeit
Und handelt ungesucht,
Gleich wie ein Baum zu seiner Zeit
Von selbst bringt Blüt' und Frucht.

Man sieht nicht seine Arbeit an
Als Müh', vor der uns bangt;
Der Herr hat stets in uns getan,
Was er von uns verlangt.

Man fügt sich freudig immer fort
In alles, was er fügt,
Ist alle Zeit, an jedem Ort,
Wo man ihn hat, vergnügt.

So selig ist ein gläub'ger Christ,
So reich und sorgenleer,
Und wenn man so nicht selig ist,
So wird man's nimmermehr.

Ihr werdet euch freuen mit unaussprechlicher Freude

Wie soll ich doch die Wonne nennen,
Die jetzt mein ganzes Herz durchdringt,
Daß ich zu dem mich darf bekennen,
Der mir das ew'ge Leben bringt?
Daß ich mich stets auch in den größten
Beschwerden meines Herrn getrösten
Und dabei immer hoffen kann:
Die rechte Wonne geht erst an!

O könntest du es einmal schmecken,
Wie mein Erlöser selig macht,
Ungläubiger! du würd'st erschrecken,
Daß du ein solches Heil verlacht.
O fühltest du nur eine Stunde
In deines Herzens tiefstem Grunde
Den Frieden, den der Herr erteilt,
Du kämest zu ihm unverweilt.

Ich hab' es auch einmal empfunden,
Was in der Welt für ein Gewinn;
Man schlägt darin sich täglich Wunden,
Und schlägt die Not sich aus dem Sinn.
Von einer Lust zur anderen eilen,
Das heißt des Herzens Sehnsucht heilen,
Zum Ekel geht es vom Genuß,
Vom Überfluß zum Überdruß.

Es hängt an allen ihren Freuden
Der Fluch der Ungenügsamkeit,
Sie kann nicht sammeln, nur vergeuden,
Nie hat sie Frieden, immer Streit,
Sie kann mit allen ihren Schätzen
Den großen Schaden nicht ersetzen,
Den unsre Seel' erlitten hat,
Und weiß dafür auch keinen Rat.

O wie erquickend ist dagegen
Das Leben, das der Herr gebracht!
Wie da auf allen unsern Wegen
Uns Fried' und Freud' entgegenlacht!
Da finden wir zu jeder Stunde
Den Balsam gleich für jede Wunde,
Da finden wir für jeden Schmerz
Bei unserm Herrn ein off'nes Herz.

Wohl werden unsre Wünsche kleiner,
Und kleiner wird um uns die Welt;
Doch wird auch unsre Freude reiner
Und nicht durch Täuschungen vergällt.
Wir werden stille und bescheiden
Im Glücke, voll Geduld im Leiden;
Wir sind des Heilands Eigentum,
Und das ist unser höchster Ruhm.

Es liegt der Himmel vor uns offen,
Es liegt die Hölle vor uns zu;
Wir können glauben, lieben, hoffen,
Wir haben Frieden, haben Ruh',
Für jede Bitte die Gewährung,
Ersatz für jegliche Entbehrung,
In dem erwählten guten Teil
Steht unser ganzes Seelenheil.

So sind wir immer wohlbehalten,
So sind wir immer wohlgemut,
Und lassen den mit Freuden walten,
Der lauter Wunder an uns tut.
Wir sind auch gern bereit zum Sterben,
Denn unser Sterben führt zum Erben
Der unverdienten Seligkeit
Nach dieser kurzen Pilgerzeit.

Lob göttlicher Führung

Lob sei dir, mein Gott, gesungen,
Ruhm und Preis sei dir gebracht,
Dir ist alles wohl gelungen,
Du hast alles wohl gemacht.
Ich erkenne nun mit Rührung
Schon die Weisheit deiner Führung,
Und bezeuge froh und laut:
Selig ist, wer dir vertraut!

Hättest du mich so geleitet,
Wie ich's töricht oft begehrt,
Was ich wünschte, mir bereitet,
Was ich scheute, abgewehrt,
Hättest du dem eitlen Streben
Meines Herzens nachgegeben:
O dann wär' ich sicherlich
Elend, arm und jämmerlich.

Ach, wie kann auch wohl ein Blinder
Im Gedränge und Gewühl
Dieser Welt und ihrer Kinder
Finden das gesuchte Ziel?
Endlos suchen, sich verlieren,
In die Irre lassen führen,
Sich entfernen von dem Heil,
Das ist sein betrübtes Teil.

Doch wer ohne Widerstreiten
Läßt von deiner festen Hand
Und nach deinem Wort sich leiten,
Der bekommt ein Unterpfand
Deiner Weisheit nach dem andern,
Der kann ohne Sorgen wandern,
Der erkennt bald tief gerührt,
Wie du herrlich ihn geführt.

Nun so bleib ich denn beim Alten,
Bleibe fest bei meinem Gott,
Laß ihn mit mir schalten, walten,
Trotz der Menschen Hohn und Spott.
Ist mir's doch stets wohl gegangen,
Seit ich fest ihm angehangen,
Alles bürgt, was mir geschehn,
Für mein künft'ges Wohlergehen.

Gott befohlen, Gott befohlen!
O das ist ein schönes Wort!
Gott befohlen, Gott befohlen
Geh' ich meines Weges fort.
Gott befohlen alle Tage,
Dann verstummet alle Klage,
Gott befohlen geht am End'
Meine Seel' in Gottes Händ'.

Leben und volle Genüge in Jesu

O Jesu, meine Sonne,
Vor der die Nacht entfleucht,
O Jesu, meine Wonne,
Die alle Not verscheucht,
Im Herzen klingt mir täglich
Der eine helle Ton:
Wie hast du so unsäglich
Geliebt, o Gottessohn!

Es faßt mich so ein tiefes,
Ein himmlisches Gefühl,
Es ist mir stets, als rief' es:
Hier ist dein einzig Ziel! -
Ja, wenn mir gar nichts bliebe,
Ich gäb' mit frohem Sinn

Um Jesu Christi Liebe
Auch noch das Letzte hin.

Um diese Perle wäre
Mir alles andre feil,
Selbst Hab' und Gut und Ehre,
Mein ganzes Erdenteil.
Wie gerne will ich meiden
Das alles froh und still,
Wenn's von dem Herrn mich scheiden
Und ihn mir rauben will.

Ich kenn' auch gar kein Leben
Von dir, mein Herr, getrennt,
Du bist mein einzig Leben
Und Lebenselement.
Ich kenne gar kein Sterben,
Seitdem ich leb' in dir,
Denn was mich konnt' verderben,
Die Sünde, nahmst du mir.

Ich weiß nichts mehr von Leiden,
Denn alles Kreuz und Leid
Kann mich von dir nicht scheiden,
Du Born der Seligkeit.
Ja, wenn ich dich nur habe,
Dann gilt mir alles gleich,
Ich bin am Bettelstabe
Noch wie ein König reich.

Ich bin schon hier auf Erden
So selig und so leicht.
Und was wird dort erst werden,
Wo alle Schwachheit weicht!
Das macht ein selig Sterben,
Daß ich als Gnadenlohn
Ein Königreich soll erben
Und eine ew'ge Kron'!

O lieber Herr, so präg es
Recht meinen Sinnen ein,
O lieber Herr, so leg es
Mir tief ins Herz hinein:
Daß ohne deine Liebe
Ich ganz verloren wär',
Und ohne Hoffnung triebe
Auf wüstem Meer umher;

Doch daß du mich allmählich
Zum Hafen hast gebracht,
Und mich so überselig
Aus Gnaden hast gemacht,
Daß ich vor nichts erschrecke,
Was andern schrecklich ist,
Weil ich es seh' und schmecke
Wie du mein Heiland bist!

Die Eitelkeit der Welt

Was hat die Welt für wahre Freude,
Ist alles, was sie gibt, nicht Schein?
Ist nicht ihr Glück ein schwach Gebäude,
Das über Nacht vielleicht stürzt ein?
Wie lastet ihre Not so schwer,
Wie läßt doch ihre Luft so leer!

Ihr Leben ist ein nutzlos Ringen,
Ein niemals ausgekämpfter Streit,
Ist Müh' und Arbeit ohn' Gelingen,
Ein ungestilltes Herzeleid,
Ein Schlaf, der nie Erquickung beut,
Ein Tod, der täglich sich erneut.

Bald klagt man über Langeweile,
Und mühet sich um Zeitvertreib;
Bald klagt man, das die Zeit so eile,
Und seufzt: Du schöne Zeit, ach bleib!
Bald wünscht man sich von hinnen, bald
Hier einen ew'gen Aufenthalt.

Bald trinkt man Gift aus goldnen Schalen
Der Weltlust und der Schmeichelei,
Bald zieht man für Gewissenqualen
Aus der Zerstreuung Arzenei;
Bald treibt man mit dem Höchsten Spott,
Bald klagt und murrt man wider Gott.

Wie bleibt bei allem Überflusse
Der Kopf so hohl, das Herz so leer,
Wie ziehet hinter dem Genusse
Der ekle Überdruß einher:
Man praßt und schwelgt und wird nicht satt,
Man ruht sich aus und bleibt doch matt.

Man sorgt, daß nichts dem Leibe fehle,
Die Hütte schmückt man reich und schön,
Doch die Bewohnerin, die Seele,
Läßt man verschmachten und vergehn;
Und wenn man draußen tobt und schwärmt,
Sitzt sie daheim, still, abgehärmt.

Und wenn man lange unbekümmert
Dahingelebt, von Gott gewandt,
So kommt der Tod heran, zertrümmert
Die Hütte mit gewalt'ger Hand,
Und stößt die Seele aus der Zeit
Hinüber in die Ewigkeit.

O Gott, laß mich der Welt entfliehen
Und dein in Jesu Christo sein,

Laß mich der Welt das Herz entziehen,
So zieht ein göttlich Leben ein,
So bin ich, von der Welt umstellt,
Wohl in, doch niemals von der Welt.

Unser Wandel ist im Himmel

Unser Wandel ist im Himmel!
Wie ein Mensch in sich versenkt,
Oft vom lautesten Getümmel
Nicht gestört, der Heimat denkt,
Wenn die Schritte dahin eilen,
Wo das Herz längst eingekehrt:
So im Himmel wir schon weilen,
Sind wir gleich noch auf der Erd'.

Den erwählt sich unser Streben,
Der uns liebt und Liebe gibt,
Unsre Seele mag nur leben
Für und um den, der sie liebt,
Da allein steht ihr Vergnügen,
Da genügt sie sich allein,
Läßt gern alles andre liegen,
Da nur, wo sie liebt, zu sein.

Christi Liebe zieht nach oben
Unser Herz, wie ein Magnet,
Und es fühlt sich aufgehoben
Wie mit Flügeln im Gebet.
Unser Leben, unser Wandeln
Ist vor seinem Angesicht,
Unser Denken, Reden, Handeln
Faßt darum die Welt auch nicht.

Mag man spottend uns begegnen,
Der, den unsre Liebe meint,

Heißt uns, die uns fluchen, segnen,
Lieben unsern größten Feind.
Der für uns sich hingegeben,
Uns den Himmel hat beschert,
Will sich durch ein himmlisch Leben
Von den Seinen sehn geehrt.

Könnten wir im Himmel wandeln,
Mit dem Herzen droben sein
Und dabei so irdisch handeln,
Nicht vergeben, nicht verzeihn?
Nur wenn wir geliebt sind, lieben,
Doch den hassen, der uns haßt?
Nicht, von Christi Geist getrieben,
Tragen gern des andern Last?

Ach, so oft wir eifern, toben,
Neiden, hassen, lästern, schrein,
Kann das Herz unmöglich droben
Bei dem Herrn voll Liebe sein.
Macht doch stets die Liebe ähnlich
Dem Geliebten, treibt und lehrt,
Daß wir ringen ernstlich, sehnlich,
Bis wir in sein Bild verklärt.

Laß mich nichts von dir entfernen,
Heiland, treu und liebevoll,
Mich in deiner Nähe lernen,
Wie ich himmlisch leben soll;
Laß kein irdisches Getümmel
Irdisch machen Herz und Sinn,
Bis ich einst in deinem Himmel
Bei dir, durch dich selig bin.

Der Diener des Herrn

O hochbeglückte Seele,
Die es für Freude hält,
Zu tun des Herrn Befehle
Aufrichtig, unverstellt.
Die sich recht dankbar kindlich
Ihm stets zu dienen freut,
Und herzlich und empfindlich
Den kleinsten Fehl bereut.

Du hängest Herz und Blicke
An den geliebten Herrn,
In keinem Augenblicke
Bist du ihm fremd und fern.
Er braucht nicht laut zu mahnen,
Du folgst ihm froh und still,
Die Liebe weiß zu ahnen,
Was der Geliebte will.

Du lässest kaum dir's merken,
Wenn deine Last dich drückt;
Du denkst: Der wird schon stärken,
Der mir die Last geschickt.
Du lächelst durch die Tränen,
Und beugt dich auch der Schmerz,
Kannst du dich müde lehnen
An des Geliebten Herz.

Da kannst du selig weinen,
Du fühlst, der fühlt es mit,
Der mehr als solchen kleinen
Geringen Schmerz erlitt.
Dem kannst du alles klagen,
Der hört dich an voll Huld,
Der fremden Schmerz zu tragen
Sich hingab voll Geduld.

Und steht dein Herz in Wonne,
Und geht dein Fuß in Licht,
So ist er deine Sonne,
Die durch die Wolken bricht.
Von ihm kommt aller Segen
Und führt zu ihm zurück;
Darum ruht allerwegen
Auf ihm dein Glaubensblick.

Wie ist dein Los erfreulich,
Wie geht es dir so gut!
Drum dienest du so treulich
Dem Herrn mit Gut und Blut;
In gut und bösen Tagen,
Gemach und Ungemach,
In Freuden und in Plagen
Gehst du ihm folgsam nach.

Wie flieht die Zeit von hinnen
Im Dienst des Herrn so schnell,
Und eh' wir uns besinnen
Sind wir an Ort und Stell',
Und dringen glaubenskühner
Ins Vaterhaus hinein;
Es soll ja auch der Diener
Stets bei dem Herren sein.

Fest im Glauben, reich an Liebe

Laß mich fest stehn auf dem einen Grunde,
Herr, der mir zu meinem Heil bereit,
Den das heil'ge Wort aus deinem Munde
Offenbart in dieser Gnadenzeit:
Jesus Christus ist ins Fleisch gekommen,
Hat die Sündenschuld auf sich genommen,

Von der Last die Sünder zu befrein;
Hat sein Leben in den Tod gegeben,
Daß die Todeswürd'gen möchten leben,
Glaubend hier, dort schauend selig sein.

Wirke selbst in mir den festen Glauben
An dies Heil, das du gegründet, Gott!
Laß ihn nie mir eigne Zweifel rauben,
Nie der Menschen blinder Hohn und Spott.
Laß wie Petrus offen mich gestehen:
Du bist Christus! wohin sollt' ich gehen,
Lebensworte find' ich nur bei dir!
Laß wie Paulus mich nur dahin streben,
Daß du durch den Glauben mögest leben
Ganz allein im treuen Herzen mir.

Ach entzünd' und laß dann nie erkalten
Jene Liebe, die gekrönt mit Heil,
Doch wie die geringste Magd zu walten
Sich erwählt als ihr bescheidnes Teil,
Die mit sanften und bescheid'nen Mienen
Selig ist im Glauben, froh im Dienen,
Still im Leiden, dauernd in Geduld,
Alles trägt und glaubet, hofft und duldet,
Sich zu allem Guten hält verschuldet
Für den Reichtum deiner Gnad' und Huld.

Und so laß mich glaubend, liebend gehen
Wie ein Kind, geführt von deiner Hand,
Wie ein Held dem Bösen widerstehen,
Selbst erliegend leisten Widerstand;
Und doch nie mich rühmen, nein, nichts weiter
Als vor dir ein Kind sein, still und heiter;
Ungefangen von der Lust der Welt,
Fest auf deine Treue mich verlassen,
Dich so lang mit Glaubensarmen fassen,
Bis im Tod der Glaubensschleier fällt.

Freude an der Schöpfung

O du schönes Weltgebäude,
Das der Herr mit Glanz und Pracht
Uns zum Segen und zur Freude
Wunderherrlich hat gemacht!
O wie wird in allen Stücken
Da die Liebe offenbar,
Die den Menschen zu beglücken
So erfindrisch sorgsam war!

Ja man kann an allen Werken,
Klein' und großen, nah' und fern,
Die verborgne Weisheit merken
Des Allgüt'gen, unsres Herrn!
Allen ist das Königssiegel
Ihres Schöpfers aufgedrückt,
Erd' und Himmel sind ein Spiegel,
Drin man seine Huld erblickt.

In der Nähe, in der Ferne
Man viel tausend Zeugen trifft,
Wie die Blumen so die Sterne
Sind ja eine heil'ge Schrift,
Die, dem Kindessinn verständlich,
Wonnevolle Kunde gibt
Von dem Gott, der uns unendlich
Segnet, labet, tröstet, liebt.

O wie ist es schön, zu lesen
In dem aufgeschlag'nen Buch
Der Natur von jenem Wesen,
Das man niemals hoch genug
Kann erheben, preisen, loben,
Das uns liebevoll umschlingt,
Dem der Chor der Engel droben
Laut das Dreimalheilig singt.

Ja, dich kenn' ich, Offenbarung
Meines Herrn in der Natur,
Seit aus eignener Erfahrung
Ich nicht bloß der Liebe Spur
Angedeutet, aufgeschrieben
In den Werken seiner Hand,
Nein, ihn selbst und all' sein Lieben
Wesentlich in Christo fand.

Die Schönheit der Natur

Freuet euch der schönen Erde,
Denn sie ist wohl wert der Freud'
O was hat für Herrlichkeiten
Unser Gott da ausgestreut!

Und doch ist sie seiner Füße
Reich geschmückter Schemel nur,
Ist nur eine schön begabte
Wunderreiche Kreatur.

Freuet euch an Mond und Sonne
Und den Sternen allzumal,
Wie sie wandeln, wie sie leuchten,
Über unserm Erdental.

Und doch sind sie nur Geschöpfe
Von des höchsten Gottes Hand,
Hingesät auf seines Thrones
Weites glänzendes Gewand.

Wenn am Schemel seiner Füße
Und am Thron schon solcher Schein
O was muß an seinem Herzen
Erst für Glanz und Wonne sein.

Sehet die Lilien auf dem Felde

Du schöne Lilie auf dem Feld,
Wer hat in solcher Pracht
Dich vor die Augen mir gestellt,
Wer dich so schön gemacht?

Wie trägst du so ein weißes Kleid
Mit goldnem Staub besät,
Daß Salomonis Herrlichkeit
Vor deiner nicht besteht!

Gott hob dich aus der Erde Grund,
Hat liebend auf dich acht,
Er sendet dir in stiller Stund'
Ein Englein bei der Nacht.

Das wäscht dein Kleid mit Tau so rein
Und trocknet's in dem Wind,
Und bleicht es in dem Sonnenschein,
Und schmückt sein Blumenkind.

Du schöne Lilie auf dem Feld,
In aller deiner Pracht
Bist du zum Vorbild mir gestellt,
Zum Lehrer mir gemacht.

Du schöne Lilie auf dem Feld,
Du kennst den rechten Brauch,
Du denkst: Der hohe Herr der Welt
Versorgt sein Blümchen auch.

Im Winter

Winter ist es. In dem weiten Reiche
Der Natur herrscht tiefe Einsamkeit,
Und sie selbst liegt, eine schöne Leiche,
Ruhig in dem weißen Sterbekleid.
Ihre Blumenkinder ruhn geborgen
In der Mutter Brust, mit ihr bedeckt,
Träumend von dem Auferstehungsmorgen,
Wo der Lenz sie aus dem Schlummer weckt.

Aller deiner Pracht bis du entledigt,
Erde, deine Schönheit ist dahin,
Und du selbst bist eine Leichenpredigt
Von erbaungsvollem, tiefem Sinn.
Was die Erde hat, kann nicht bestehen,
Ihre Gabe heißt Vergänglichkeit,
Aufwärts zu dem Himmel mußt du sehen,
Suchst du ew'ge Schön' und Herrlichkeit.

Laß zum Himmel dich die Erde weisen,
Suche deine Heimat nicht auf ihr,
Du mußt weiter, immer weiter reisen,
Deines Bleibens ist nicht lange hier.
Ew'ge Güter suchst du hier vergebens,
Darum such im Himmel deinen Schatz
Von der Erde nur am Ziel des Lebens
Für das Kleid vom Staube einen Platz.

Aber wenn die Osterlieder klingen
Und der große Ostermorgen graut,
Muß dir auch die Erde wiederbringen
Deine Hülle, die ihr anvertraut.
Sieh, so ist und so bleibt nichts ihr eigen
Suche nicht, was sie nicht hat, bei ihr;
Laß von ihr dich hin zum Himmel zeigen,
Ew'ges Heil findst du nur über dir.

Am Morgen

In Osten flammt empor der gold'ne Morgen,
Und alles, was die finstre Nacht verborgen,
Wird offenbar, erhellt vom Sonnenlicht;
Und all' die Wälder, all' die Höh'n und Tiefen,
Die eingehüllt im Nebelbette schliefen,
Stehn glänzend vor der Sonne Angesicht.

Leucht in mein Herz und gib mir Licht und Wonne,
Mein Jesu, meines dunklen Herzens Sonne,
Erwecke drin den hellen Tagesschein,
O offenbare mir die vielen Falten
Des Herzens, das nach dir sich muß gestalten
Und in dein heilig Bild verkläret sein.

In deinem Lichte laß mich heute wandeln,
In deiner Liebeswärme laß mich handeln,
Wie eine neu belebte Kreatur,
Die auch durch eine neue Lebensweise
Den Schöpfer ihres neuen Lebens preise
Und leb' zu seinem Lob und Ruhme nur.

Ich bitte nicht: Nimm weg des Tages Plagen!
Nein, um die Liebe bitt' ich, sie zu tragen,
Und um den Glauben, daß mir alles frommt,
Daß alles sich zu meinem Heil muß wenden.
Weil alles mir aus deinen lieben Händen
Und deinem segensreichen Herzen kommt.

Ich bitte nicht: Gib mir viel äußre Stille!
Nein, Herr, auch hier geschehe ganz dein Wille;
Doch bitt' ich: Gib mein kindlich stilles Herz!
Zieht mich die Erde in ihr ird'sches Treiben,
So laß mein Herz doch stets dein eigen bleiben,
Zieh's von der Erde zu dir himmelwärts.

Ich bitte nicht: O ende du recht frühe
Des Erdenlebens Angst und Not und Mühe!
Nein, sei mein Frieden in der Erdennot.
Ich bitte nicht: Laß bald dein Reich mich erben!
Nein, eh' ich sterb', laß mich der Sünde sterben
Und werde du recht meiner Sünde Tod.

Du rechte Morgensonne meines Lebens,
O leuchte mir denn heute nicht vergebens,
Sei du mein Licht, wenn ich im Dunkeln steh',
Umleuchte mich mit Glanz und Heil und Wonne,
Daß ich mit Freuden in die Abendsonne
Am Ende meiner Erdenwallfahrt seh'.

Am Abend

Herr, des Tages Mühen und Beschwerden
Machtest du durch deine Nähe leicht;
Bleib bei mir, da es will Abend werden,
Bleib bei mir, da sich der Tag geneigt!
Wie am Tag du stärkend bei mir weiltest,
O so tritt am Abend auch herzu;
Wie du meine Müh' und Arbeit teiltest,
O so teile segnend meine Ruh'!

Sieh, es dräut mir jetzt kein läst'ger Störer,
In dem Stübchen bin ich ganz allein,
Kann jetzt ungestört dein stiller Hörer
Und dein aufmerksamer Schüler sein.
Sprich du selbst mir einen Abendsegen,
Denn dein Segenswort hat Segenskraft,
Ist ein milder, kühler Abendregen
Für das Herz, von Tagesmüh' erschlafft.

Ach, wie ohne dich, o Herr, der Abend
Mich so kalt und unbefriedigt läßt!
Doch durch dich ist er so süß, so labend,
Ist ein Feierabend, ist ein Fest;
Voll von segensreicher Herzenslabe,
Wird mir dann erst abendlich zumut',
Wenn ich dich am Tagesende habe,
Dann ist mit dem Ende alles gut.

Komm denn nach des Tages lautem Leben,
Komm, du reicher Gast, kehr bei mir ein,
Heil zu spenden, Schulden zu vergeben,
Ruhe, Fried' und Freude zu verleihn.
Des vergang'nen Tages Wunden, Schmerzen
Heile, lindre und verbanne du,
Und laß mich zuletzt an deinem Herzen
Finden eine sanfte, nächt'ge Ruh'.

Abendfeier

Wie ist der Abend so traulich,
Wie lächelnd der Tag verschied;
Wie singen so herzlich erbaulich
Die Vögel ihr Abendlied!

Die Blumen müssen wohl schweigen,
Kein Ton ist Blumen beschert,
Doch, stille Beter, neigen
Sie alle das Haupt zur Erd'.

Wohin ich gehe und schaue,
Ist Abendandacht. Im Strom
Spiegelt sich auch der blaue,
Prächtige Himmelsdom.

Und alles betet lebendig
Um eine selige Ruh',
Und alles mahnt mich inständig:
O Menschenkind, bete auch du!

Trost der Nacht

Klage nicht, betrübtes Kind,
Klage nicht ums junge Leben,
Manche süße Lust verrinnt,
Doch manch Leid auch wird sich geben.

Ist der Tag so schön erwacht
Mit der Morgenröte ferne:
Klage nicht, es hat die Nacht
Einen Himmel auch und Sterne.

Diesem Hause ist Heil widerfahren

O selig Haus, wo man dich aufgenommen,
Du wahrer Seelenfreund, Herr Jesus Christ,
Wo unter allen Gästen, die da kommen,
Du der gefeiertste und liebste bist;
Wo aller Herzen dir entgegen schlagen,
Und aller Augen freudig auf dich sehn,
Wo aller Lippen dein Gebot erfragen,
Und alle deines Winks gewärtig stehn.

O selig Haus, wo Mann und Weib in e i n e r,
In d e i n e r Liebe eines Geistes sind,
Als beide eines Heils gewürdigt, keiner
Im Glaubensgrunde anders ist gesinnt.
Wo beide unzertrennbar an dir hangen,

In Lieb' und Leid, Gemach und Ungemach,
Und nur bei dir zu bleiben stets verlangen
An jedem guten wie am bösen Tag.

O selig Haus, wo man die lieben Kleinen
Mit Händen des Gebets ans Herz dir legt,
Du Freund der Kinder, der sie als die Seinen
Mit mehr als Mutterliebe hegt und pflegt.
Wo sie zu deinen Füßen gern sich sammeln
Und horchen deiner süßen Rede zu,
Und lernen früh dein Lob mit Freuden stammeln,
Sich deiner freun, du lieber Heiland, du.

O selig Haus, wo Knecht und Magd dich kennen,
Und wissend, wessen Augen auf sie sehn,
Bei allem Werk in e i n e m Eifer brennen,
Daß es nach deinem Willen mag geschehn;
Als deine Diener, deine Hausgenossen,
In Demut willig und in Liebe frei,
Das Ihre schaffen froh und unverdrossen,
In kleinen Dingen zeigen große Treu'.

O selig Haus, wo du die Freude teilest,
Wo man bei keiner Freude dein vergißt;
O selig Haus, wo du die Wunden heilest
Und aller Arzt und aller Tröster bist;
Bis jeder einst sein Tagewerk vollendet
Und bis sie endlich alle ziehen aus
Dahin, woher der Vater dich gesendet,
Ins große, freie, schöne Vaterhaus.

Glaubensleben

Was kann es Schönres geben,
Und was kann sel'ger sein,
Als wenn wir unser Leben
Dem Herrn im Glauben weihn!

Wir sind in seiner Nähe
Und leben immer so,
Als ob das Aug' ihn sähe,
Und sind von Herzen froh.

Wenn auch die Lippen schweigen,
So betet doch das Herz,
Und die Gedanken steigen
Beständig himmelwärts.

An seiner Güte laben
Wir uns in aller Still',
Man kann ihn immer haben,
Wenn man ihn haben will.

Wir spielen ihm zu Füßen
Wie Kinder allerwärts,
Und wenn die Tränen fließen,
So fliehn wir an sein Herz.

Und wenn wir müde werden,
So bringt er uns zur Ruh',
Und deckt mit kühler Erden
Die müden Kinder zu.

Da schlafen wir geborgen
In stiller, tiefer Nacht,
Bis er am schönsten Morgen
Uns ruft: Erwacht, erwacht!

Was weiter wird geschehen,
Das ahnen wir jetzt kaum;
Es wird uns sein, als sähen
Wir alles wie im Traum.

Segen christlicher Gemeinschaft

O welche fromme schöne Sitte
Ist es, zu reden, Herr, von dir,
Da bist du selbst in unsrer Mitte,
Bist unter uns, das fühlen wir.
Es ist dann ganz ein andres Wesen,
Wir sind so brüderlich gesinnt,
Und können's uns im Auge lesen,
Mit wem wir hier beisammen sind.

Wie weit entflieht der Selbstsucht Fehde,
Wie weicht zurück der eitle Scherz,
In freier, offner Freundesrede
Schließt sich dem Herzen auf das Herz.
Wir haben viel uns mitzuteilen
Und haben viel uns zu gestehn
Und möchten länger so verweilen,
Uns öfter so beisammen sehn.

Wir fangen immerdar aufs neue
Die liebliche Erzählung an,
Wir reden von des Herren Treue
Und dem, was er an uns getan;
Wie er zuerst das Herz gerühret
Durch Freude oder Ungemach
Und uns mit so viel Huld geführet
Seitdem und bis auf diesen Tag.

Da fühlt man seines Geistes Wehen,
Und wie er sich zu uns bekennt;
Das ist ein segnendes Gestehen,
Auch wenn man seine Fehler nennt,
Auch wenn man sich in Demut beugen
Und vielfach sich verklagen muß;
Man spürt des unsichtbaren Zeugen
Erquickend milden Friedensgruß.

Man fühlt sich aller Not enthoben,
In einen höhern Kreis entrückt,
Man ahnt die Wonne, die uns droben
In seinem Umgang einst entzückt.
Man ist einmal so ganz ein andrer,
Neu aufgelebt und angefacht,
Ein eingekehrter froher Wandrer,
Dem alles hold entgegenlacht.

O segne, Herr, denn unsre Hütte
Recht oft durch deine Gegenwart,
Sei immerdar in unsrer Mitte,
Sind wir vereint in solcher Art.
Ernähre unsrer Andacht Flammen,
In deinem heil'gen Namen führ'
Uns oft in dieser Zeit zusammen,
Bis wir versammelt sind bei dir.

Andacht

Mir ist so wohl in Gottes Haus,
Ich kann es gar nicht sagen,
Es bricht mein Aug' in Tränen aus,
Das Herz fängt an zu schlagen.

O Träne, warum brichst du aus?
O Herz, was soll dein Schlagen?
Es wird der Geist ins Vaterhaus,
Der Leib zur Ruh' getragen.

Die Arbeit in dem Herrn

Was in dem Herrn du tust, das wird gelingen
Die Ehre ihm, dann ist der Segen dein,
Er gibt das rechte Wollen und Vollbringen,
Er will im Großen stets wie im Geringen
Der Herr und Schöpfer aller Werke sein.
Die Händ' ans Werk, die Herzen himmelan,
So wird allein ein gutes Werk getan.

Es ist auch vor dem Herrn nichts so geringe,
Daß er nicht hilfreich dir zur Seite steh',
Dir Kräfte gäbe, daß es wohl gelinge,
Und selbst zu einem solchen End' es bringe,
Daran dein Auge seine Freude seh'.
Rufst du bei allem seinen Beistand an,
Dann wird auch alles herrlich abgetan.

Er weiß das Herz in Freude zu erhalten,
Scheint dir die Arbeit mühevoll und schwer,
Er läßt dich nicht beim kalten Werk erkalten,
Scheucht von der Stirn des Unmuts trübe Falten,
Er gibt Geduld, gibt Fleiß und noch viel mehr!
Das Kleinste, was dem Kleinsten du getan,
Sieht er, als ob es ihm geschehen, an.

Und ist er bei dir, dann zerstreut er nimmer
Die Kräfte dir, o nein, er sammelt sie;
Verbreitet einen freudenhellen Schimmer
Auf deiner Hände Werke, daß dir immer

Zur Lust die Last, zur Freude wird die Müh'.
Für das, was deine Hand mit ihm getan,
Wird stets dein Herz von ihm den Lohn empfahn.

Wie selig ist's, vor Augen ihn zu haben,
Mit ihm zu reden jetzt und allezeit,
An seinem Zuspruch Herz und Sinn zu laben,
Sich zu getrösten seiner Gnadengaben,
Stets froh zu sein bei seiner Freundlichkeit,
So froh, daß es die Welt nicht fassen kann,
Wie leicht du deine Arbeit abgetan.

Der Vater hat euch lieb

Wohl uns, der Vater hat uns lieb
Und wird an uns gedenken
Und uns aus väterlichem Trieb,
Was wir bedürfen, schenken.
Was fehlt uns doch
Nun weiter noch,
Da wir zum Vater haben
Den Geber aller Gaben?

Wenn wir ohn' Gold und Schätze gleich
Die weite Welt durchzögen,
So ist doch unser Vater reich
An Liebe und Vermögen.
Wir sorgen nicht,
Daß uns gebricht
Auf unsrer Lebensreise
Die Kleidung und die Speise.

Er, der so viel an uns gewandt
Zu unserm Heil und Leben,
Der zu uns seinen Sohn gesandt

Und für uns hingegeben,
Der so geneigt
Sich Sündern zeigt -
Wie sollte der denn minder
Versorgen seine Kinder?

Wie können wir doch allezeit
Frei vor sein Antlitz treten,
Um Hilf' in Not, um Trost in Leid,
Um alles zu ihm beten!
Er hört uns an,
Er will und kann
Und wird uns gern gewähren,
Was wir von ihm begehren.

Wie steht uns doch sein Vaterherz
In Jesu Christo offen!
Da fliehn wir hin, wenn uns ein Schmerz
Und Unfall hat betroffen.
O und da ruht
Sich's sanft und gut,
Da ist man wohl geborgen
Und ledig aller Sorgen.

Und meint ihr, daß vor Tod und Gruft
Uns bange sei und grause?
Nein, wenn uns unser Vater ruft,
So gehn wir gern nach Hause.
Da ist es doch
Viel besser noch!
Oft seufzt man aus der Tiefe:
Ach, wenn der Vater riefe!

Er hat uns lieb, das ist genug,
Uns ewiglich zu freuen,
Er hat uns lieb, das ist genug,
Wir kennen ihn, den Treuen,

Und wollen auch
Nach Kinder-Brauch
Uns unablässig üben,
Von Herzen ihn zu lieben.

Die Treue im Kleinen

Das ist die rechte Liebestreue,
Die fest an ihrem Herren hängt
Und ohne Unterlaß aufs neue
In allem ihm zu dienen denkt;
Die im Geringen und im Kleinen
Es recht genau und ernstlich nimmt
Und wissentlich auch nicht in einen
Wenn noch so kleinen Fehler stimmt.

Denn wisse, Seele, daß des kleinsten
Gehorsams nicht der Herr vergißt,
Weil bei dem kleinsten Dienst am reinsten
Das Herz von eitler Selbstsucht ist.
Fang an im Kleinen dich zu üben,
Die kleinste Sünde haß und scheu,
Denn im Gehorchen wächst das Lieben,
Aus kleiner Treu' wird große Treu'.

Wenn du die groben Sünden meidest
Aus Furcht vor Schmach und ohne Scheu
Die kleinen Mängel an dir leidest,
Das ist noch keine Liebestreu'!
Das heißt noch nicht den Herren lieben,
Sich ihm aus allen Kräften weihn,
Das heißt noch folgen seinen Trieben,
Teils Herr, teils Christi Jünger sein.

Denn wer sich ganz des Herren nennet,
Der folgt ihm immer, und der flieht
Das Kleinste, was vom Heil ihn trennet
Und einer Sünde ähnlich sieht.
Er sucht in allem Christi Ehre,
Und wie in allem allezeit
Er sich in dessen Bild verkläre,
Dem er als Jünger sich geweiht.

Bei jedem Werk, zu allen Stunden
Ist seine größte Sorg' allein,
Von seinem Herren treu erfunden,
Gehorsam seinem Wort zu sein;
Für ihn verschmäht er keine Plagen,
Kein Ungemach, kein Leid und Kreuz;
Es ist ihm schon genug, zu sagen:
Mein lieber Herr will's und gebeut's.

O Herz, nach solcher Liebestreue
Verlange, trachte, ringe ernst,
Damit du täglich und aufs neue
Ihn durch Gehorsam ehren lernst.
Nicht bloß im Großen, im Geringen
Sei ihm zu dienen auch bedacht,
So wird dem ernsten Fleiß gelingen,
Was Trägheit dir unmöglich macht.

O sage nicht: In großen Proben
Will ich wohl treu vor ihm bestehn!
Das hörst du Petrum auch geloben
Und mußt ihn dennoch weinen sehn.
Drum lerne recht die Treu' im Kleinen,
In kleinen Kämpfen übe dich,
Sonst wirst du bald wie Petrus weinen
Um große Untreu' bitterlich.

Ich und mein Haus, wir wollen dem Herrn dienen

Ich und mein Haus, wir sind bereit,
Dir, Herr, die ganze Lebenszeit
Mit Seel' und Leib zu dienen.
Du sollst der Herr im Hause sein,
Gib deinen Segen nur darein,
Daß wir dir willig dienen.
Eine kleine, fromme, reine
Hausgemeine
Mach aus allen!
Dir nur soll sie wohlgefallen.

Es wirke durch dein kräftig Wort
Dein guter Geist stets fort und fort
An unser aller Seelen!
Es leucht' uns wie das Sonnenlicht,
Damit's am rechten Lichte nicht
Im Hause möge fehlen.
Reiche gleiche Seelenspeise
Auch zur Reife
Durch dies Leben
Uns, die wir uns dir ergeben.

Gieß deinen Frieden auf das Haus
Und alle, die drin wohnen, aus,
Im Glauben uns verbinde;
Laß uns in Liebe allezeit
Zum Dulden, Tragen sein bereit,
Voll Demut sanft und linde.
Liebe übe jede Seele,
Keinem fehle,
Dran man kennet
Den, der sich den Deinen nennet.

Laß unser Haus gegründet sein
Auf deine Gnade ganz allein

Und deine große Güte.
Auch laß uns in der Nächte Graun
Auf deine treue Hilfe schaun
Mit kindlichem Gemüte;
Selig, fröhlich, selbst mit Schmerzen
In dem Herzen
Dir uns lassen
Und dann in Geduld uns fassen.

Gibst du uns ird'sches Glück ins Haus,
So schließ den Stolz, die Weltlust aus,
Des Reichtums böse Gäste;
Denn wenn das Herz an Demut leer
Und voll von eitler Weltlust wär',
So fehlte uns das Beste:
Jene schöne, tiefe, stille
Gnadenfülle,
Die mit Schätzen
Einer Welt nicht zu ersetzen.

Und endlich flehn wir allermeist,
Daß in dem Haus kein andrer Geist,
Als nur dein Geist regiere.
Der ist's, der alles wohl bestellt,
Der gute Zucht und Ordnung hält,
Der alles liebreich ziere.
Sende, sende ihn uns allen,
Bis wir wallen
Heim und oben
Dich in deinem Hause loben.

Das liebliche Los

Ein lieblich Los ist uns gefallen,
Ein schönes Erbteil uns beschert;
Laßt Lob und Preis dem Herrn erschallen,
Er ist es wert, daß man ihn ehrt;
Aus Gnaden hat er uns erwählt
Und uns zu seinem Volk gezählt.

Er hat sich unser angenommen,
Ihn jammert' unser gar zu sehr,
Weil wir zu ihm nicht konnten kommen,
Kam er zu uns von oben her;
Es war die wundervollste Lieb',
Die ihn zu uns ins Elend trieb.

Er sah an uns nichts Ehrenwertes,
Nicht Tugend und nicht Würdigkeit,
Nein, nur Entstelltes und Verkehrtes,
Nur Sünde, Krankheit, Schmach und Leid,
Und keinen, der in solcher Not
Uns Hilfe und Erlösung bot.

Da nahm der Leiden unsers Falles
Er selbst, der Herr, sich hilfreich an,
Gab selbst sich uns und damit alles,
Was sich ein Herz nur wünschen kann,
Die Kindschaft und das Kindesteil,
Im ew'gen Leben ew'ges Heil.

O Herr, wir sind viel zu geringe
Der Güte, die du uns getan,
Wir stehn und schauen solche Dinge
Beschämt und mit Erstaunen an.
Die Liebe, die mit Gnade krönt,
Hat ewig uns mit Gott versöhnt.

Wir hoffen nichts als lauter Gutes
Aus deiner reichen Liebeshand
Und gehen nun getrosten Mutes
Durch dieses trübe Nebelland,
Als Kinder hier, als Erben einst
Dort, wo du uns mit dir vereinst.

Solch lieblich Los ist uns gefallen,
Solch schönes Erbteil uns beschert!
Gern teilten mit den Menschen allen
Wir, was uns deine Huld gewährt.
Wir preisen's allen herzlich an,
Weil jedermann es haben kann.

Es tut uns weh, wenn sie's nicht haben,
Viel weher noch, wenn sie's verschmähn
Und ohne solche reiche Gaben
Durch dieses arme Leben gehn.
O komme doch, wer Mangel hat,
Und werd' aus Christi Fülle satt!

Bleibet in Jesu

Bleibt bei dem, der euretwillen
Auf die Erde niederkam,
Der, um euren Schmerz zu stillen,
Tausend Schmerzen auf sich nahm.
Bleibt bei dem, der einzig bleibet,
Wenn auch alles untergeht,
Der, wenn alles auch zerstäubet,
Siegend überm Staube steht.

Alles schwindet; Herzen brechen,
Denen ihr euch hier ergabt,
Und der Mund hört auf zu sprechen,

Der euch oft mit Trost gelabt;
Und der Arm, der euch zum Stabe
Und zum Schilde ward, erstarrt,
Und das Auge schläft im Grabe,
Das euch sorgsam einst bewahrt.

Alles stirbt; das Ird'sche findet
In dem Irdischen sein Grab,
Alle Lust der Welt verschwindet,
Und das Herz stirbt selbst ihr ab.
Ird'sches Wesen muß verwesen,
Ird'sche Flamme muß verglühn,
Ird'sche Fessel muß sich lösen,
Ird'sche Blüte muß verblühn.

Doch der Herr steht überm Staube
Alles Irdischen und spricht:
Stütze dich auf mich und glaube,
Hoffe, lieb und fürchte nicht!
Darum bleibt bei dem, der bleibet
Und der geben kann, was bleibt,
Der, wenn ihr euch ihm verschreibet,
Euch ins Buch des Lebens schreibt.

Des Christen Kreuz

Des Christen Schmuck und Ordensband
Das ist das Kreuz des Herrn,
Und wer erst seinen Wert erkannt,
Der trägt es froh und gern.

Man nimmt's mit Demut, trägt's mit Lust
Und achtet's für Gewinn,
Doch trägt man es nicht auf der Brust.
O nein, man trägt es drin.

Und wenn's auch schmerzt und wenn's auch drückt,
Bleibt man doch glaubensvoll,
Man weiß ja wohl, wer's uns geschickt
Und was es wirken soll.

Man trägt es auch nur kurze Zeit,
Bloß als ein Unterpfand
Für das zukünft'ge Ehrenkleid
Im lieben Vaterland.

Geduld

Es zieht ein stiller Engel
Durch dieses Erdenland,
Zum Trost für Erdenmängel
Hat ihn der Herr gesandt.
In seinem Blick ist Frieden
Und milde, sanfte Huld,
O folg' ihm stets hienieden,
Dem Engel der Geduld!

Er führt dich immer treulich
Durch alles Erdenleid
Und redet so erfreulich
Von einer schönern Zeit.
Denn willst du ganz verzagen,
Hat er doch guten Mut;
Er hilft das Kreuz dir tragen
Und macht noch alles gut.

Er macht zu linder Wehmut
Den herbsten Seelenschmerz,
Und taucht in stille Demut
Das ungestüme Herz.

Er macht die finstre Stunde
Allmählich wieder hell,
Er heilet jede Wunde
Gewiß, wenn auch nicht schnell.

Er zürnt nicht deinen Tränen,
Wenn er dich trösten will;
Er tadelt nicht dein Sehnen,
Nur macht er's fromm und still.
Und wenn im Sturmestoben
Du murrend fragst: warum?
So deutet er nach oben,
Mild lächelnd, aber stumm.

Er hat für jede Frage
Nicht Antwort gleich bereit,
Sein Wahlspruch heißt: Ertrage,
Die Ruhstatt ist nicht weit!
So geht er dir zur Seite
Und redet gar nicht viel
Und denkt nur in die Weite,
Ans schöne, große Ziel.

Schicket euch in die Zeit

Herr, das Böse willig zu erleiden,
Aber selbst mit allem Ernst zu meiden,
Dazu mache du mich stets bereit;
Laß im Streit mich niemals widerstreiten,
Ob ich leide, niemals Leid bereiten,
So mich schicken in die böse Zeit.

Bilde mich, o Herr, nach deinem Bilde
Ganz in jene liebevolle, milde

Herzensruhe, die es nie vergißt,
Daß nicht, der vom Bösen wird gekränket,
Daß ja der, der Böses tut und denket,
Einzig der Beklagenswerte ist.

Niemals schaltst du, wurdest du gescholten,
Hast mit Bösem Böses nie vergolten,
Und du, Heil'ger, fühltest es doch weit
Schmerzlicher, als ich in meinen Sünden,
Meiner Schuld es jemals werd' empfinden,
Wie so böse war und ist die Zeit.

O du hattest wohl das Recht zu richten,
Die Gewalt, den Bösen zu vernichten,
Doch dich, Liebe, jammerte der Not
Deiner Feinde nur, und voll Erbarmen
Littest du für sie, wie für mich Armen
Schmach und Schande und den Kreuzestod.

Sei mir nah, mein Herr, mein rechter Friede,
Daß ich im Erdulden nie ermüde,
Sei mir nah, du meine Seligkeit;
Stärke du die arme schwache Seele,
Daß dein sanfter Sinn ihr niemals fehle,
Sich zu schicken in die böse Zeit.

Daß sie in Geduld sich allzeit fasse
Und es niemals sich befremden lasse,
Widerfährt ihr manches Kreuz und Leid.
Zeige du ihr deinen Himmel offen
Und laß in der bösen Zeit sie hoffen
Auf die gute, die verheißne Zeit.

Sehnsucht

O daß mein Leben deine Rechte
Mit ganzem Ernste hielte doch,
Daß nichts mich aus dem Gleise brächte,
Zu gehn in deinem sanften Joch,
Daß, was du, Gott, geboten hast,
Mir Lust und Freude wär', nicht Last.

Daß der Beachtung wert und wichtig
Mir jedes deiner Worte wär',
Was ihm zuwider, mir als nichtig
Erschiene und als eitle Lehr',
Daß ich bei allem dahin seh',
Was du, Herr, willst, daß es gescheh'.

Daß mir dein Wort zum Licht und Rechte,
Zur heil'gen Losung, zum Bescheid
Und letzten Ausspruch dienen möchte
In jeder Angelegenheit,
Daß ich nicht schwankte, was ich wollt',
Sobald ich wüßte, was ich sollt'.

Daß ich aufs Wort dir immer glaubte,
Dir auch aufs Wort gehorsam wär',
Und keine Freiheit mir erlaubte,
Wo dein Gebot mir klar, doch schwer,
Daß ich, wenn noch so matt und schwach,
Doch deinem Worte folgte nach.

So wär' mein Leben recht ein Leben,
Nicht Stückwerk bloß von Bös und Gut;
In deinen Willen hingegeben,
Fragt' ich nicht mehr nach Fleisch und Blut,
In deinem Dienste froh und frei,
Wüßt' ich, was rechte Freiheit sei.

O mach mir deine Rechte süße
Durch deines guten Geistes Drang
Und richte selber meine Füße
Auf deinen Weg mein Leben lang,
Denn deine Rechte sind mein Teil
Und meines Lebens wahres Heil.

Laß deine Gnade mich versöhnen
Mit allem, was dein Recht gebeut,
Und zum Gehorchen mich gewöhnen,
Nicht weil mein Herz die Strafe scheut,
Nein, weil's in deiner Gnade ruht
Und dir dein Recht mir Freuden tut.

Ermunterung

Ist der Weg auch noch so lang
Und voll Ungemach,
Ist auch unser Pilgergang
Noch so matt und schwach:
Faßt man dennoch frohen Mut,
Hält sich nicht daran,
Was man selber schafft und tut,
Nein, was Jesus kann.

Des sind wir in Zuversicht,
Halten daran fest,
Daß der Herr am Weg uns nicht
Gar verschmachten läßt.
Wenn die Kraft auch oftmals droht
Gänzlich zu entfliehn,
Denken wir: Es hat nicht Not,
Haben wir doch ihn.

Der das Wasser wunderbar
Aus dem Felsen schlug,
Des Propheten Speisung gar
Raben übertrug,
Der mit wenig Fisch und Brot
Tausend machte satt:
Hätte der für alle Not
Nicht noch immer Rat?

Der die Welten ganz allein
In den Händen hält,
Ohne dessen Willen kein
Haar vom Haupt uns fällt,
Dem das Große nicht zu groß,
Kleines nicht zu klein:
Sollte der erbarmungslos
Für uns Schwache sein?

Der den Himmel aufgetan
Aus so großer Lieb'
Und der deutlich uns die Bahn
Dahin selbst beschrieb,
Der die Stätte hält bereit:
Ließe der's geschehn,
Daß wir auf dem Weg vor Leid
Jämmerlich vergehn?

Nein, das kann und will er nicht,
Gott ist ewig gut,
Hält getreu, was er verspricht -
Darum fasset Mut!
Trifft auch Ungemach und Weh
Auf dem Pilgerpfad,
Hebt die Häupter in die Höh',
Die Erlösung naht.

Die Pflanze von Gott gepflanzt

Erhalt in mir den Lebenstrieb, das Sehnen
Nach deinem Reich und nach Gerechtigkeit,
Und öffne mir den Quell der Reuetränen
Zum geist'gen Wachstum in der dürren Zeit.
Ich bin umgeben, Herr, von Unkraut aller Arten,
O rein'ge mich, daß ich in deinem Garten
Zum Preise deiner Lieb' und Sorgfalt steh'
Und nicht, im Keim erstickt, so bald vergeh'.

Ich weiß, du gibst das Keimen, Grünen, Blühen,
Du Himmelsgärtner, der auf Eden sät
Und mit unendlich sorglichem Bemühen
Durch seine Saaten, sie zu hüten, geht.
Ich weiß, wie deine Treue auch gedenket
Des kleinsten Halmes, der am Weg sich senket;
Drum freu' ich mich, weil ja in deiner Hut
Mein Keimen, Wachsen, Blühn und Reifen ruht.

Du hast mich aus der Erde Schoß gezogen,
Mit Tau getränkt, erquickt mit Wärm' und Licht,
Und wenn ein Sturm mich in den Staub gebogen,
Mich aus dem Staube wieder aufgericht;
Ich werd' es täglich voll Bewundrung inne,
Wie gut, o Herr, du's mit mir hast im Sinne;
Darum ergeb' ich ganz mich deiner Zucht,
Bis ich gedeih' zu einer Himmelsfrucht.

Die dürre Zeit

Das Leben wird oft trübe,
Die Brust wird oft so leer,
Als ob kein Fünkchen Liebe
Und Glauben in uns wär'.
Das Heil, mit Not gefunden,
Liegt uns auf einmal fern;
Und doch sind solche Stunden
Ein Segen von dem Herrn.

Man trägt nach ihm Verlangen,
Wenn er uns einsam läßt,
Man möchte ihn umfangen
Und halten ewig fest.
Mit Tränen fleht und ringet
Wie Jakob dann die Seel',
Bis ihr der Kampf gelinget
Und sie wird Israel.

Da fühlt man recht, wie quälend
Ohn' ihn das Leben sei,
Wie unbeschreiblich elend
Man in der Wüstenei
Der Welt hier darben müßte,
Wenn unsre Tränenkost
Der Heiland nicht versüßte
Mit wunderbarem Trost.

Das sind die geist'gen Fasten,
Wo er uns scheint entfernt,
Und man allein die Lasten
Der Sünde kennenlernt.
Da wird man eingeleitet
In Reu' und Sündenleid,
Doch da auch vorbereitet
Zur Festagsherrlichkeit.

Der Herr erwählt sich immer
Zum Segnen seine Zeit,
Er gibt den Freudenschimmer
Nach trübem Herzeleid
Er gießt den Gnadenregen
Hinein ins dürre Herz
Und führt auf dunklen Wegen
Zum Lichte himmelwärts.

Das Herz voll Untreu' würde
Bald seiner Liebe satt,
Wenn er die schwere Bürde,
Die er getragen hat
Für uns und unsre Sünden
In seiner Niedrigkeit
Uns ließe nie empfinden
In solcher dürren Zeit.

Drum lerne du sein Leiten
In Demut nur verstehn,
Wenn solche dürre Zeiten
Oft über dich ergehn.
Bald sinkt vom Himmel nieder
Sein reicher Gnadentau,
Dann blüht die Wüste wieder
Wie eine frische Au.

Vater, Sohn und Geist

O Vaterhand, die mich so treu geführet,
O Vaterauge, daß mich treu bewacht,
O Vaterherz, das meine Bitte rühret,
Und das mit ew'ger Liebe mein gedacht!
Du wollest mich denn ferner treulich leiten,
Daß ich den graden Weg zum Himmel geh',

Und mich zum ew'gen Leben zubereiten,
Es sei durch Lieb und Leid, durch Wohl und Weh.

O mein Erlöser, der für mich gestorben
Und der mich Gott erkauft mit seinem Blut,
Der mir Vergebung aller Schuld erworben,
Daß nun mein Herz im Frieden Gottes ruht!
Du wollest mich denn immer mehr erlösen,
Von allen Banden völliger befrein,
Bei aller List und aller Macht des Bösen
Der Held, durch den ich endlich siege, sein.

O heil'ger Geist, der du mit sanftem Triebe
Mich strafest, tröstest, treibst und beten lehrst,
Der du den Gottesfrieden und die Liebe,
Die Hoffnung und den Glauben mir bescherst,
Regiere mich, und drücke mir den Stempel
Der Gotteskindschaft in die Seele ein,
Und laß mich meines Gottes heil'ger Tempel
Voll Stille, voll Gebet und Andacht sein.

Getrost!

O wie manche schöne Stunde
Hat der Herr uns zugeteilt;
Und wie manche Herzenswunde
Hat er allbereits geheilt!

O wie oft uns schon erfrischet,
Schien die Lebenssonne heiß;
Und wie oft schon abgewischet
Von der Stirne uns den Schweiß!

Und wie lange wird es währen,
So ist alles abgetan;

Und er nimmt uns dann zu Ehren
Und aus Gnaden bei sich an.

Finden uns im Vaterlande,
Doch nicht mehr im Reisekleid,
Nein, im schönsten Festgewande,
Zeugen seiner Herrlichkeit.

Sollte das dein Herz nicht heben,
Daß es freudig sich und still,
Seiner Leitung hingegeben,
Führen läßt, so wie er will?

Alles dient dir ja zum Heile,
Wenn dein Herz sich ihm ergab;
Harre eine kleine Weile,
Warte nur das Ende ab.

Auch das Bitterste und Schwerste
Dient zu deiner Seligkeit;
Sicher bist du nicht der erste,
Der sein Kreuz einst benedeit.

Weglos steile Höhen zeigen
Oft sich auf dem Glaubensweg,
Doch kannst du sie nicht ersteigen,
Trägt der Herr dich drüber weg.

Ziehe du nur gläubig weiter
Deinen Weg zur Heimat hin,
Immer mit dem klaren, heiter
Aufgeschlag'nen Blick und Sinn.

Ohne Furcht und ohne Grauen
Wall im dunklen Tale hier;
Hast du doch den offnen blauen
Himmel immer über dir.

Pilgerlied

In der Angst der Welt will ich nicht klagen,
Will hier keine Ehrenkrone tragen,
Wo mein Herr die Dornenkrone trug;
Will hier nicht auf Rosenpfaden wallen,
Wo man ihn, den Heiligsten von allen,
An den Stamm des Sünderkreuzes schlug.

Gib mir, Herr, nur für die Lebensreife
Deine Wahrheit, die den Weg mir weise,
Und den Geist, der diesen Weg mich führt.
Gib ein Herz, das gern sich führen lasse
Auf der graden, schmalen, steilen Straße,
Die dein heil'ger Fuß einst selbst berührt.

Mache mich im Glauben immer treuer
Und des Glaubens Furcht, das heil'ge Feuer
Ungefärbter Liebe schenke mir;
Ohne sie könnt' ich nicht vorwärts schreiten,
In der Liebe kann nur Liebe leiten,
Sie nur führt mich durch die Welt zu dir.

Freundlich hast du mich zu dir gerufen,
Lieber Herr, doch sind noch viel der Stufen,
Die zum Himmel ich ersteigen muß.
O, so reiche deinem schwachen Knechte
Aus dem Himmel deine Gnadenrechte,
Unterstütze, leite seinen Fuß.

Und recht hoffnungsvoll in deinen blauen,
Schönen, fernen Himmel laß mich schauen,
Wenn ich von der Wallfahrt müde bin;
Daß ich hier im tiefen Tal der Schmerzen
Einen festen Frieden hab' im Herzen,
Einen klaren, himmelsfrohen Sinn.

Ja, ich bin ein Fremdling hier auf Erden,
Muß hier tragen mancherlei Beschwerden,
Bin ein Pilger, arm und unbekannt;
Und das Kreuz ist meiner Wallfahrt Zeichen,
Bis ich werd' mein Kanaan erreichen,
Das ersehnte, liebe Vaterland.

Heimweh

Ach, uns wird das Herz so leer
In der Welt Gebrause,
Und wir sehnen uns so sehr
Nach dem Vaterhause.

An dem Pilgerkleid hat man
Gar so viel zu stücken,
Und die Schuhe fangen an
Schmerzlich uns zu drücken.

Hätten Lust, daheim zu sein,
Zu dem Herrn zu kommen,
Aller Erdennot und Pein
Ganz und gar entnommen.

Möchten, ganz von Schuld befreit
Und des Fleisches Mängeln,
Dort dem Herrn der Herrlichkeit
Dienen mit den Engeln.

Aber, Herr, verziehst du noch
Uns hinauf zu leiten,
O so hilf, daß wir uns doch
Würdig vorbereiten.

O wie wohl, wie wohl wird's tun,
Recht gekämpft zu haben
Und dann fröhlich auszuruhn,
Uns bei dir zu laben!

Abschied

Was macht ihr, daß ihr weinet
Und brechet mir mein Herz?
Im Herrn sind wir vereinet
Und bleiben's allerwärts.
Das Band, das uns verbindet,
Löst weder Zeit, noch Ort;
Was in dem Herrn sich findet,
Das währt in ihm auch fort.

Man reicht sich wohl die Hände,
Als sollt's geschieden sein,
Und bleibt doch ohne Ende
Im innigsten Verein.
Man sieht sich an, als sähe
Man sich zum letzten Mal,
Und bleibt in gleicher Nähe
Dem Herrn doch überall.

Man spricht: Ich hier, du dorten,
Du ziehest, und ich bleib'!
Und ist doch aller Orten
Ein Glied an einem Leib.
Man spricht vom Scheidewege
Und grüßt sich einmal noch,
Und geht auf einem Wege
In gleicher Richtung doch.

Was sollen wir nun weinen
Und so gar traurig sehn,
Wir kennen ja den Einen,
Mit dem wir alle gehn,
In e i n e r Hut und Pflege,
Geführt von e i n e r Hand
Auf e i n e m sichern Wege
Ins e i n e Vaterland!

So sei denn diese Stunde
Nicht schwerem Trennungsleid,
Nein, einem neuen Bunde
Mit unserm Herrn geweiht.
Wenn wir uns ihn erkoren
Zu unserm höchsten Gut,
Sind wir uns nicht verloren,
Wie weh auch Scheiden tut.

Das Lied vom Sterben

Stimm an das Lied vom Sterben
Den ernsten Abschiedssang,
Vielleicht läuft heut zu Ende
Dein ird'scher Lebensgang;
Und eh' die Sonne sinket,
Beschließest du den Lauf,
Und wenn die Sonne steiget,
Stehst du nicht mir ihr auf.

Es gibt nichts Ungewissers
Als Leben, Freud' und Not,
Allein auch nichts Gewissers
Als Scheiden, Sterben, Tod.
Wir scheiden von dem Leben

Bei jedem Lebensschritt,
Uns stirbt die Freud' im Herzen,
Und unser Herz stirbt mit.

An unserm Pilgerstabe
Ziehn wir dahin zum Grab,
Und selbst des Königs Szepter
Ist nur ein Pilgerstab.
Ein Pilgerkleid hat allen
Die Erde hier beschert,
Wir tragen' s auf der Erde
Und lassen' s auch der Erd'.

Geh, übersteig nur Berge
Und Höhn, es steht dir frei,
Dem kleinen Grabeshügel
Kommst du doch nicht vorbei.
Da gehst du nicht hinüber,
Und ist er noch so klein;
Da bleibst du müde liegen,
Da legt man dich hinein.

So sing das Lied vom Sterben,
Das alte Pilgerlied,
Weil deine Straße täglich
Dem Grabe näher zieht.
Laß dich es mild und freundlich
Wie Glockenton umwehn,
Es läute dir zum Sterben,
Doch auch zum Auferstehn.

Christus hat dem Tode die Macht genommen

Wenn meine letzte Stunde schlägt,
Mein Herz hört auf zu schlagen,
Wenn man ins stille Grab mich legt
Nach all den lauten Tagen:
Was wär' ich dann, was hätt' ich dann,
Wär' mir die Tür nicht aufgetan
Zum sel'gen Himmelsreiche?

Wie flieht der eiteln Freuden Schwarm,
Wenn sich der Tod läßt schauen!
Sie überlassen, schwach und arm,
Den Menschen seinem Grauen.
Das Blendwerk ird'scher Eitelkeit
Verschwindet vor der Wirklichkeit
Im Angesicht des Todes.

In unverhüllter Schreckgestalt
Tritt vor uns unsre Sünde,
Und von den Augen fällt alsbald
Der Selbstverblendung Binde;
Wir sind dann ganz auf uns beschränkt,
Und alles in und an uns lenkt
Den Blick auf unser Elend.

Wenn du dann nicht mein eigen bist
In meiner letzten Stunde,
Wenn du dann nicht, Herr Jesus Christ,
Mich labst mit froher Kunde,
Daß du für den, der an dich glaubt,
Dem Tode seine Macht geraubt,
So muß ich ja verzagen.

Nun aber, weil du mein, ich dein,
Kann ich getrost entschlafen,
Dein heiliges Verdienst ist mein,

Schützt mich vor allen Strafen;
Du hast ja meinen Tod gebüßt
Und dadurch meinen Tod versüßt
Zu einem sel'gen Heimgang.

Drum bei dem letzten Glockenklang
Sei du mir, Herr, zur Seite,
Und gib mir bei dem Todesgang
Dein freundliches Geleite;
Damit die letzte Erdennot
Nicht eine Krankheit sei zum Tod,
Vielmehr zum ew'gen Leben.

Am Grabe

Am Grabe stehn wir stille
Und säen Tränensaat,
Des lieben Pilgers Hülle,
Der ausgepilgert hat.

Er ist nun angekommen,
Wir pilgern noch dahin,
Er ist nun angenommen,
Der Tod war ihm Gewinn.

Er schaut nun, was wir glauben,
Er hat nun, was uns fehlt,
Ihm kann der Feind nichts rauben,
Der uns versucht und quält.

Ihn hat nun als den Seinen
Der Herr dem Leid entrückt,
Und während wir hier weinen,
Ist er so hoch beglückt.

Er trägt die Lebenskrone
Und hebt die Palm' empor,
Und singt vor Gottes Throne
Ein Lied im höhern Chor.

Wir armen Pilger gehen
Hier noch im Tal umher,
Bis wir ihn wiedersehen,
Und selig sind, wie er.

Wie wird uns sein!

Wie wird uns sein, wenn endlich nach dem schweren,
Doch nach dem letzten ausgekämpften Streit
Wir aus der Fremde in die Heimat kehren,
Und einziehn in das Tor der Ewigkeit!
Wenn wir den letzten Staub von unsern Füßen,
Den letzten Schweiß vom Angesicht gewischt
Und in der Nähe sehen und begrüßen,
Was oft den Mut im Pilgertal erfrischt.

Wie wird uns sein, wenn wir vom hellen Strahle
Des ew'gen Lichtes übergossen stehn,
Und - o der Wonne! - dann zum ersten Male
Uns frei und rein von aller Sünde sehn;
Wenn wir durch keinen Makel ausgeschlossen
Und nicht zurückgescheucht von Schuld und Pein
Als Himmelsbürger, Gottes Hausgenossen,
Eintreten dürfen in der Sel'gen Reihn.

Wie wird uns sein, wenn wir mit Beben lauschen
Dem höhern Chor, der uns entgegentönt,
Wenn goldne Harfen durch die Himmel rauschen
Das Lob des Lammes, das die Welt versöhnt;

Wenn weit und breit die heil'ge Gottesstätte
Vom Halleluja der Erlösten schallt,
Und dort der heil'ge Weihrauch der Gebete
Empor zum Thron des Allerhöchsten wallt.

Wie wird uns sein, wenn nun dem Liebeszuge
Zu dem, der uns den Himmel aufgetan,
Mit ungehaltnem, sehnsuchtsvollem Fluge
Die frei gewordne Seele folgen kann;
Wenn nun vom Aug' des Glaubens lichte Hülle
Wie Nebel vor der Morgensonne fällt,
Und wir den Sohn in seiner Gottesfülle
Erblicken auf dem Thron, als Herrn der Welt.

Wie wird uns sein, wenn wir ihn hören rufen:
Kommt, ihr Gesegneten! Wenn wir, im Licht
Dastehend an des Gottesthrones Stufen,
Ihm schauen in sein gnädig Angesicht;
Die Augen sehn, die einst von Tränen flossen
Um Menschennot und Herzenshärtigkeit,
Die Wunden, die das teure Blut vergossen,
Das uns vom ew'gen Tode hat befreit.

Wie wird uns sein, wenn durch die Himmelsräume
Wir Hand in Hand mit Sel'gen uns ergehn,
Am Strom des Lebens, wo die Lebensbäume
Frisch wie am dritten Schöpfungstage wehn;
Da, wo in ew'ger Jugend nichts veraltet,
Nicht mehr die Zeit mit scharfem Zahne nagt,
Da, wo kein Auge bricht, kein Herz erkaltet,
Kein Leid, kein Schmerz, kein Tod die Sel'gen plagt.

Wie wird uns sein, wenn jeder Blick zur Erde,
Ins dunkle Tal, das uns zu Füßen liegt,
Und jeder Blick auf jegliche Beschwerde,
Die wir, im Glauben wallend, einst besiegt,
Die Herrlichkeit des Himmels uns verkläret,

Und den Genuß des Friedens sel'ger macht,
Die Freude würzet und die Liebe nähret
Zu dem, der herrlich uns hindurch gebracht.

Wie wird uns sein? O was kein Aug' gesehen,
Kein Ohr gehört, kein Menschensinn empfand,
Das wird uns werden, wird an uns geschehen,
Wenn wir hineinziehn ins gelobte Land.
Wohlan, den steilen Pfad hinangeklommen,
Es ist der Mühe und des Schweißes wert,
Dahin zu eilen und dort anzukommen,
Wo mehr, als wir verstehn, der Herr beschert.

Ich will den Herrn loben allezeit

Wie ist doch ohne Maß und Ziel,
Herr, deine Güt' und Treu'!
Drum dank' ich dir mit Psalterspiel
Und Harfenklang aufs neu.

Du wohnst in deinem Israel
Ja unter Lobgesang,
Drum singe dir auch meine Seel'
Aus Herzens-Lust und Drang.

Rühr du mit deines Feuers Glut
Mir Herz und Lippen an,
Damit, was deine Liebe tut,
Ich fröhlich loben kann.

Halt mir auch Herz und Mund gestimmt
Beständig auf dein Lob,
Und wer mein Lied und Lob vernimmt,
Der freue sich darob;

Der liebe dich und lobe dich
Und habe frohen Mut,
Genieße und erprobe dich,
Du allerhöchstes Gut!

Du hast Worte des ewigen Lebens

O wie freun wir uns der Stunde,
Da wir dir, Herr Jesu, nahn,
Um aus deinem heil'gen Munde
Lebensworte zu empfahn!
Laß uns heute nicht vergebens

Hörer deines Wortes sein,
Schreibe selbst das Wort des Lebens
Tief in unsre Herzen ein.

Sieh, wir sitzen dir zu Füßen,
Großer Meister, rede du;
Sieh, wir hören deiner süßen
Rede heilsbegierig zu.
Lehr uns, wie wir selig werden,
Lehr uns, wie wir unsre Zeit,
Diese kurze Zeit auf Erden,
Nützen für die Ewigkeit.

Lehr uns, wie wir dem Verderben
Durch der Gnade Kraft entgehn,
Wie wir, eh' wir leiblich sterben,
Wahrhaft geistlich auferstehn
Und nach deinem Wohlgefallen
Denken, reden, leiten, tun,
Graden Weges dahin wallen,
Wo wir nach der Arbeit ruhn.

Dazu öffn' uns das Verständnis,
Wie den Jüngern du getan,
Zu lebendiger Erkenntnis
Trag die Fackel du voran.
Licht der Welt, das schon verscheuchte
Manche dichte Finsternis,
Licht der Welt, auch uns erleuchte,
Denn im Licht geht man gewiß.

Gieß uns aber auch das Feuer
Deiner Liebe in das Herz,
Daß wir an dir immer treuer
Hangen unter Freud und Schmerz.
Keine Last sei uns beschwerlich,
Die von dir uns auferlegt,

Und uns alles leicht entbehrlich,
Was mit dir sich nicht verträgt.

Nun so lege Licht und Liebe,
Kraft und Feuer auf dein Wort,
Laß es mit lebend'gem Triebe
In uns wirken fort und fort.
Hilf uns, daß wir treu bewahren,
Was wir in das Herz gefaßt,
Und laß andre auch erfahren,
Daß du Lebensworte hast.

Er ist mitten unter euch getreten

Du, des Zukunft einst erflehten
Tausende in Israel,
Du bist unter uns getreten,
Christus und Immanuel.
O der teuren Gnadenzeit,
Nun ist allen Heil bereit,
Nun soll keiner hilflos klagen,
Keiner hoffnungslos verzagen.

Sel'ge Zeit! O wie vor alters
Man nach dir Verlangen trug;
Wie die Saiten seines Psalters
David so voll Sehnsucht schlug;
Wie nach dir einst ausgeschaut,
Sich gesehnet still und laut
Unter Seufzern und Gebeten
Die Gerechten und Propheten!

Gott sei Dank, nun ist geschehen,
Nun aus Gnaden uns gewährt,
Was so viele hier zu sehen

Und zu hören einst begehrt.
Gottes Rat ist nun enthüllt
Und zu unserm Heil erfüllt
Jetzt der Väter heiße Bitte:
Christus ist in unsrer Mitte!

Aber der der Welt erschienen,
Wie vom Vater er gesandt,
Wandelt mitten unter ihnen,
Vielen fremd und unbekannt;
Unbeachtet läßt man ihn
Seinen Weg vorüberziehn;
Ruft er, will man ihn nicht hören,
Läßt in Sünden sich nicht stören.

Und er klopft an manche Pforte,
Suchet Eingang hier und dort,
Grüßt sie mit holdsel'gem Worte;
Doch man weist ihn schnöde fort.
Wer nicht fühlt, was ihm gebricht,
Dem gefällt der Helfer nicht;
Wer nicht in sein Herz will gehen,
Läßt den Heiland draußen stehen.

Kennt ihr ihn, der uns zu retten
Von dem Thron des Vaters kam
Und, damit wir Frieden hätten,
Unsre Strafe auf sich nahm?
Lebt ihr als sein Eigentum
Ihm zur Freude und zum Ruhm?
Seid auch ihr schon angeschrieben
Unter denen, die ihn lieben?

Ließt ihr ihn das Herz gewinnen,
Nahmt auf euch sein sanftes Joch?
Ist sein Reich bei euch darinnen
Oder widerstrebt ihr noch?

Sagt, wem dient ihr überall:
Christo oder Belial?
O singt Christo: Hosianna!
Er allein hat Lebensmanna.

Hosianna! Sei willkommen,
Christe, kehre bei uns ein;
Du sollst von uns aufgenommen,
Herzlich aufgenommen sein.
Sieh, zum Einzug öffnen wir
Freudig unsre Herzen dir.
Komm denn, komm, darin zu wohnen,
Ja, als König drin zu thronen.

Ach, es hat uns nur zu lange
Schon die Sünde übermocht.
Und mit unbesiegtem Zwange
Leib und Seele unterjocht.
Wie war aller Kampf und Krieg
Gegen sie doch ohne Sieg!
Du nur kannst uns von dem Bösen
Ganz und ewiglich erlösen.

Drum, wie dir das Reich verheißen,
Nimm das Reich bei uns auch ein;
Denn dem Starken uns entreißen
Kann der Stärkere allein.
Mach uns selig, Gottes Sohn,
Sammle deiner Liebe Lohn,
Bis dir untertänig werden
Alle Reiche hier auf Erden!

Wie habt ihr das Eitle so lieb!

Die Zeit flieht hin, und immer näher
Rückt dir die ernste Ewigkeit.
Wird dir es wohler oder weher
Bei solchem raschen Flug der Zeit?
Hast du nur Seufzer, Klagen, Tränen
Um das, was rasch vorüberfliegt,
Und kennt dein armes Herz kein Sehnen
Nach dem, was drüben vor dir liegt?

Empfängst du nur die Lebenssäfte
Aus dem, was diese Welt enthält;
Und hast du nie geschmeckt die Kräfte
Der ewigen und bessern Welt?
Fühlst du nur heimisch dich auf Erden?
Ist dir der Himmel fern und fremd?
O Mensch, wie wird es endlich werden,
Wenn Tod und Grab dies Leben hemmt?

Stell dich ans Ziel der Lebenstage,
Du, ach so weit verirrter Geist!
Stell dich dahin, bedenk und frage:
Was solch ein Leben dir verheißt?
Bald ist für dich die Zeit verflossen,
Dein Herz steht still, dein Auge bricht,
Das Grab ist unter dir erschlossen,
Doch über dir der Himmel nicht.

O laß dich retten vom Verderben
Der Sünde und der Eitelkeit;
Such dir ein Leben vor dem Sterben
In dieser angenehmen Zeit.
Nur einer kann und will es geben,
Er ist das Leben selbst und spricht:
Wer an mich glaubt, wird ewig leben
Und sieht den Tod im Tode nicht.

Ich weiß, an wen ich glaube, und bin gewiß

Ich weiß, ich werde selig werden
Durch dich, Sohn Gottes, Jesu Christ,
Der du im Himmel und auf Erden
Allein der Seligmacher bist.
Du schenkst mir auch die Freudigkeit
Und Zuversicht der Seligkeit.

Der Vater hat mich dir gegeben
Und will, daß du mein Heiland bist;
Drum weiß ich, daß mein Heil und Leben
Dir als sein Wille teuer ist.
Sein Wille wird durch dich geschehn;
Ich werde nicht verloren gehn.

Du bist für mich am Kreuz gestorben,
Hast mich erlöst mit deinem Blut;
Was du so teuer dir erworben,
Das bleibt dir auch ein teures Gut.
Hast du so viel an mich gewandt,
Reißt mich auch nichts aus deiner Hand.

Daß ich in dir mein Heil erkenne,
Ich glaube, was dein Wort verheißt,
Und gläubig meinen Herrn dich nenne:
Das wirkt dein und des Vaters Geist.
Wo er spricht Ja, sprichst du nicht Nein!
Du willst und wirst mein Heiland sein.

Ach ja, es ist des Vaters Liebe,
Es ist dein eignes teures Blut,
Es sind des Geistes Kraft und Triebe,
Worauf die Seele freudig ruht,
Daß du, Sohn Gottes, Jesu Christ,
Wahrhaftig auch mein Heiland bist.

Freuet euch in dem Herrn allewege

Freut im Herrn euch allewege,
Freut euch seiner Gnad und Gunst;
Seid zu solcher Freud' nicht träge,
Übt euch recht in dieser Kunst.
Soll die Fülle seiner Freuden
Ungenossen er vergeuden?
Freude, so wie er sie beut,
Das ist wahre Herzensfreud'.

Er hat in die freudenarme
Welt die Freude erst gebracht,
Die nach bittrem Sündeharme
Unaussprechlich fröhlich macht.
O wie strömt die Freudenquelle
Mitten in die Wüste helle!
Schöpft denn ihr auch eures Teils
Wasser aus dem Born des Heils!

Wäre aus des Engels Munde
In gebenedeiter Nacht
Euch vergeblich frohe Kunde
Von des Herrn Geburt gebracht?
Preisen nicht der Engel Scharen
Freude, die euch widerfahren?
Und ihr wollet traurig stehn,
Als ob nichts für euch geschehn?

Soll sich Zions Tochter freuen,
Daß der König zu ihr kommt,
Und ihr wollt die Freude scheuen,
Die ihn ehrt und die euch frommt?
Wolltet mutlos stehn und klagen,
Wo ihr Palmen solltet tragen,
Und in seines Volkes Reihn
Fröhlich Hosianna! schrein?

Und sein unvergleichlich Lieben,
Hat's nicht alles wohlgemacht?
Ist auch etwas hinterblieben,
Das er nicht für uns vollbracht?
Daß der Seinen Freud' vollkommen,
Hat er alles übernommen,
Sünde, Schuld und Straf' und Not,
Bis zum bittern Kreuzestod.

Ist er siegreich nicht erstanden
Aus des finstern Grabes Nacht?
Hat er nicht von Todesbanden,
Furcht und Angst uns frei gemacht?
Uns zum Leben zu erneuen,
Lebt er, sein uns zu erfreuen,
Spricht er dem Betrübten zu:
O wen suchst, was weinest du?

Uns mit Heil zu überschütten,
Er des Vaters Thron bestieg,
Und in der Gerechten Hütten
Singt mit Freuden man vom Sieg.
Wie er siegte, wird er siegen,
Bis zu seinen Füßen liegen
Alle Feinde, und die Welt
Sich vor ihn, den Richter, stellt.

Welche Freude ist dem Volke,
Das ihn kennt und liebt, bereit,
Wenn er in des Himmels Wolke
Kommt in seiner Herrlichkeit!
Wie wird er der Seinen schonen,
Ja, aus Gnaden sie belohnen
Und sie führen in die Stadt,
Welche Gott bereitet hat!

Da wird ew'ge Freud' und Wonne
Über ihrem Haupte sein;

Da bedarf man keiner Sonne
Mehr und keines Mondes Schein;
Da, vor seinem Angesichte,
Wandeln sie in seinem Lichte,
Schauen seine Herrlichkeit,
Teilen sie in Ewigkeit.

Und dies alles, es ist euer,
Weil ihr Jesu Christi seid,
Weil er euch so hoch und teuer
Sich erkauft und hat befreit.
Und ihr wollet solches treuen
Herrn euch nicht von Herzen freuen?
Wolltet traurig vor ihm stehn,
Als ob nichts für euch geschehn?

O Erlöste, allewege
Freuet euch in eurem Herrn;
Seid zu solcher Kunst nicht träge,
Übt sie täglich, übt sie gern.
Lernet täglich ihm lobsingen,
Dank- und Freudenopfer bringen;
Übt euch recht in dieser Zeit
Auf die Freud' in Ewigkeit.

Ich will euch nicht Waisen lassen

Wir danken, treuer Heiland, dir,
Daß du uns nicht gelassen
Als unversorgte Waisen hier
Auf unbekannten Straßen,
Im fremden Volk und fremden Land,
Da unsre Sprache unbekannt
Und Torheit unsre Sitte.
Nein, nicht als Waisen stehn wir da,

Du bist uns allenthalben nah
Und lebst in unsrer Mitte.

Du bist bei uns mit deinem Geist,
O sel'ge, heil'ge Nähe,
Die so lebendig sich erweist,
Als ob dich selbst man sähe.
Du gibst uns Licht im dunklen Tal,
Wärmst uns in deiner Liebe Strahl,
Gibst Seelen Trank und Speise;
Stehst uns mit Rat und Tat zur Seit',
Und gibst uns selber das Geleit
Auf unsrer Pilgerreise.

Du bist bei uns mit deinem Wort,
Das kann man kräftig spüren,
Damit verstehst du fort und fort
Die Herzen zu berühren.
Wie sprichst du uns so freundlich zu,
Wie lehrst, ermahnst und tröstet du
Uns alle mannigfältig!
Wie legt darob sich bald der Schmerz,
Wie brennet da in uns das Herz,
Wie predigst du gewaltig!

Du bist bei deinem Abendmahl
Mit Lieb' und Huld zugegen;
Da kann man sich getrost einmal
Recht nah ans Herz dir legen.
Ein Herz, das einst sein teures Blut
Vergossen hat, auch uns zugut,
Das steht uns ewig offen;
Von dem ist lauter Lieb' und Huld,
Verschonung, Langmut und Geduld
Mit Zuversicht zu hoffen.

Du bist bei uns, wo zwei und drei
Vereint zusammentreten,

Im Glauben, alles Zweifels frei,
Zu ihrem Vater beten.
Und wo sich deine Gegenwart
Im Bruderkreise offenbart,
Da gibt es sel'ge Stunden,
Den Vorschmack jener Seligkeit,
Wenn wir nach dieser Pilgerzeit
Das Vaterhaus gefunden.

Du bist bei uns auch in der Angst
Der Welt mit deinem Frieden.
Was du einst blutend uns errangst,
Schenkst du uns jetzt hienieden.
Und wenn auch Teufel, Sünde, Welt
Und alles in den Weg sich stellt,
Uns zu bedräun, zu schrecken:
In dir ruht unser Friede fest,
Und wer sich nur auf dich verläßt,
Den wirst du wohl bedecken.

Du bist bei uns, nun seufzen wir
Nicht ratlos und verlegen,
Nun fürchten wir kein Unglück hier
Auf allen unsern Wegen.
Nun scheun wir keine Leidensnacht,
Nun keines Feindes Grimm und Macht,
Auch nicht der Hölle Pforten;
Der Herr und König aller Welt,
In dessen Schutz wir uns gestellt,
Ist bei uns aller Orten.

Du bist bei uns zwar ungesehn,
Doch wird's nicht lange währen,
So dürfen wir hinübergehn
Ins Reich der Freud' und Ehren.
Dann sind bei dir wir allezeit,
Und schauen deine Herrlichkeit

Und preisen deinen Namen.
O bleib bei uns, geh uns zur Seit',
Gib uns ein sicheres Geleit
Bis in den Himmel. Amen!

Die Geduld des Herrn

Ach, welche Marter, welche Plagen
Trugst du für unsre Sünde schon,
Und wie viel mußt du an uns tragen
Noch immerdar, o Gottes Sohn!
Wie viel Geduld zeigst du uns Schwachen,
Die wir uns tausendfach vergehn;
Und wie viel hast du gut zu machen,
Was wir versäumen und versehn!

Ach, daß wir dir nicht besser danken
Mit Herz und Sinn, mit Wort und Tat;
Nicht freud'ger laufen in den Schranken,
Die uns dein Wort gewiesen hat;
Nicht ernster alles Arge hassen,
Und allem Guten hangen an,
Nicht dreister alles das verlassen,
Was dir nicht wohlgefallen kann!

Ach, wärst du gegen uns nicht treuer
Als wir sind gegen dich gesinnt,
Erkaltete dein Liebesfeuer
Wie unsre Liebe so geschwind,
Wollltst du mit Gleichem Gleiches lohnen,
Nicht lassen Gnad' für Recht ergehn,
Nicht Langmut üben und verschonen -
Es wäre längst um uns geschehn!
Wer ist wie du, o Herr, geduldig
Bei so viel Mängeln und Vergehn!

Wer ist wie wir, o Herr, so schuldig,
Wenn wir noch lange träge stehn!
O tu ein Neues an uns Armen,
Weck uns von aller Trägheit auf;
Dein unaussprechliches Erbarmen
Beflügle unsern Glaubenslauf.

Mit neuer Gnad' dich zu uns wende
Und unsre Herzen zu dir zieh;
Richt wieder auf die läss'gen Hände
Und stärke unsre müden Knie.
Laß uns wie Adler aufwärts fahren
Mit neuer Kraft und neuem Mut
Und aller Welt es offenbaren,
Was deine Kraft in Schwachheit tut.

Was wir dich bitten, das gewähre,
Es gilt ja deines Vaters Ruhm
Und deines großen Namens Ehre
An deinem Volk und Eigentum.
Daß nicht durch uns die Feinde lästern
Den Namen deiner Herrlichkeit,
Zeig, daß du Jesus Christ bist gestern,
Heut und derselb' in Ewigkeit!

Dank und Bitte

O treuer Heiland Jesu Christ,
Wir danken deiner Treu'
Für alles, was vergangen ist
Und was geworden neu.

Vergangen ist die Sicherheit,
Darin wir lang gesteckt;

Du hast zu ihrer Seligkeit
Die Schläfer aufgeweckt.

Neu ist das Sehnen, das sich hin
Zu ew'gen Gütern lenkt,
Du hast dazu in Herz und Sinn
Der Gnade Trieb gesenkt.

Doch wie viel Altes muß vergehn,
Wie viel noch werden neu,
Eh' wir in dich verkläret stehn,
Zum Preise deiner Treu'!

Der du das Sehnen weckst und stillst,
Nimm auch des unsern wahr,
Und wie du gern uns haben willst,
So stelle selbst uns dar.

Erweck uns täglich, halt uns wach
Und heil'ge Seel und Leib;
Ach, hör nicht auf und laß nicht nach,
Durch Güt' und Ernst uns treib.

Mach du dem Geiste lieblich doch,
Was unserm Fleisch verhaßt;
Mach du uns sanft der Wahrheit Joch
Und leicht der Liebe Last.

Verleid uns, was uns trennt von dir,
Es sei auch, was es sei;
Zieh uns dir nach, so laufen wir
Den Weg des Lebens frei.

Ach, mach aus uns, was dir gefällt,
Uns in dein Bild verklär;
Gib Kräfte der zukünft'gen Welt,
Hilf uns von oben her.

Der gute Name

Hier Gotteskinder und dort Erben
Als Jesu Christi Eigentum!
Um diesen Namen laßt uns werben,
Er ist der Gnade Werk und Ruhm.
Das sei das Teil, das wir erkoren,
Darnach das Herz sich sehnt und schlägt,
Bis es, aus Gottes Geist geboren,
Der Kindschaft Zeugnis in sich trägt.

Dann ist uns wohl, und doch das Beste,
Das Herrlichste ist noch voraus.
Hier sind wir Fremdlinge und Gäste,
Im Himmel heimisch und zu Haus.
Hier gilt's zu kämpfen, leiden, sterben;
Doch nur getrost, es kommt die Zeit,
Da Gottes Kinder alles erben
Im Stande ew'ger Herrlichkeit.

Sie werden als ein heil'ger Same
In ihr verheißnes Erbe gehn,
Es wird ein neuer, Gottes Name
An den verklärten Stirnen stehn.
Was unter Glauben, Hoffen, Lieben
Der innre Mensch geworden war,
Das ist, wenn alles starb, geblieben,
Und wird als Wesen offenbar.

Drum freuet euch, wenn eure Namen
Im Himmel angeschrieben stehn;
Die hier zu solcher Ehre kamen,
Die sind wahrhaftig angesehn.
Die treu hier glauben, hoffen, lieben,
Schreibt Gott ins Buch des Lebens ein;
Und dort im Himmel angeschrieben,
Das heißt, gut angeschrieben sein.

Zieh deine Hand von mir nicht ab

Zieh deine Hand von mir nicht ab,
O Gott, in diesem Leben,
Wo von der Wiege bis ans Grab
Viel Feinde mich umgeben.
Ach, und dein Kind
Ist so gesinnt,
Daß sich's nicht selbst kann leiten;
Es irrt und weicht
So bald und leicht
Vom Weg auf beiden Seiten.

Ich habe nun, mein Gott, durch dich
Den guten Weg gefunden
Und dir auf Treu und Glauben mich
Mit Hand und Mund verbunden.
Ich will nun dein
Auf ewig sein!
Ich sag's mit tiefer Rührung;
Allein entzieh
Auf Erden nie
Mir deine Gnadenführung.

Du kennst mein Herz; ach, laß mich nicht
Des Herzens Wege gehen;
Gib Kraft, wenn dir es widerspricht,
Ihm fest zu widerstehen.
Laß Fleisch und Blut
Mit starkem Mut
Durch deinen Geist mich zwingen;
Und fromm und treu,
Ohn' feige Scheu
Nach heil'gem Leben ringen.

Die Zeit ist bös und arg die Welt;
Laß deinen Geist mich warnen,

Eh' mich die Netze, die sie stellt,
Verstricken und umgarnen.
Laß unverführt,
Mich unberührt
Von ihrer Lust mich zeigen;
Und wenn sie neckt
Und schilt und schreckt,
So lehr mich gehn und schweigen.

Verlaß mich nicht und führe du
Auf gutem Weg mich weiter.
Bewahre mich vor falscher Ruh',
Ist's Leben froh und heiter.
Nimm meiner wahr,
Wenn mich Gefahr
Hat unversehns betreten;
Und wenn mir Not
Und Unfall droht,
So lehr mich kindlich beten.

Dein Wort sei all mein Leben lang
Der Seele kräft'ge Speise,
Und deines Namens Lobgesang
Mein Lied auf meiner Reise;
Dein lieber Sohn
Mein Gnadenthron,
Vor dem ich Gnade finde;
Sein teures Blut
Mir Kraft und Mut,
Dadurch ich überwinde.

Drum zieh die Hand von mir nicht ab!
Das ist's, warum ich bitte;
Bewahr und leite bis ans Grab
All meine Tritt und Schritte.
In deine Händ'
Am letzten End'

Nimm meinen Geist zu Gnaden;
Dann bin ich da,
Wohin du ja
So freundlich mich geladen.

Mein Gott

O Gott, mein Gott, so wie ich dich
In deinem Worte find',
So bist du recht ein Gott für mich,
Dein armes schwaches Kind.

Wie bin ich doch so herzlich froh,
Daß du kein andrer bist,
Und daß mein Herz dich täglich so
Erkennt und auch genießt.

Ich bin voll Sünde, du voll Gnad';
Ich arm, und du so reich;
Ich rat- und hilflos, du hast Rat,
Und Rat und Tat zugleich.

Ich seh' ringsum und überwärts,
Da bist du fern und nah;
Und lege still die Hand aufs Herz,
Und fühl's, du bist auch da.

Drum ist mir's herzlich lieb und wert,
Daß du bist, der du bist,
Und alles, was mein Herz begehrt,
Bei dir zu finden ist.

Selbstprüfung vor dem Angesichte Gottes

Herzenskündiger,
Du mein Gott und Herr!
Ach, du weißt es, wie ich's meine,
Was ich bin und was ich scheine,
Meines Herzens Grund
Ist dir klar und kund.

Urquell alles Lichts!
Dir verhüllt sich nichts.
Wollt' ich dir auch nichts bekennen,
Würdest du mich doch erkennen;
Ja, du kennest mich
Besser noch als ich.

Und du siehst mich an.
Heiliger! wer kann
Deiner Augen Blick ertragen,
Ohn' an seine Brust zu schlagen:
Geh doch ins Gericht
Mit dem Sünder nicht!

Vor dir hingestellt,
Jede Hülle fällt.
Ach, vor deinem Angesichte
Steh' ich erst im rechten Lichte,
Was ich bin vor dir,
Das bin ich in mir.

Du, der Gnad' erweist
Dem gebeugten Geist,
Du, bei dem so viel Vergeben,
Seligkeit und ew'ges Leben,
Sprich von deinem Thron:
Sei getrost, mein Sohn!

Gib das Hochzeitskleid
Der Gerechtigkeit,
Meine Blöße drin zu kleiden,
Daß ich deinen Anblick leiden
Und es tragen kann,
Siehest du mich an.

Nimm mir, was mich quält,
Gib, was mir noch fehlt;
Laß von allem argen Wesen
Meine Seele recht genesen,
Laß durch dich mich rein,
Dir gefällig sein.

Gib den Kindesgeist,
Der dich Vater heißt;
Daß mit kindlichem Vertrauen
Ich dir in die Augen schauen,
Ja, mich freuen kann,
Siehest du mich an.

Nach der Trübsal

Gottlob, das Licht geht wieder auf
Und Freude meinem Herzen,
Es lichtet sich der dunkle Lauf
Und lösen sich die Schmerzen.
Nun kann ich wiederum einmal,
Befreit von aller Angst und Qual,
Mit Freuden Psalmen singen.

Herr meines Lebens, mein Geschick
Ruht ganz in deinen Händen,
Du kannst in einem Augenblick

Es wunderbarlich wenden;
Und hast es wunderbar gewandt,
Und Licht und Freude mir gesandt
Von deinem Angesichte.

Wie war mir doch das Herz so schwer
In diesen Trübsalsstunden;
Wie schien mir alles öd und leer,
Licht, Lieb' und Lust verschwunden.
Woran das Herz sich längst gewöhnt,
Was sonst das Leben mir verschönt,
Das war mir weggerissen.

Mein ganzes Leben war gebracht
Aus lieb gewordnem Gleise,
Es waren Tränen Tag und Nacht
Mein Trank und meine Speise.
Es war ein Labsal für mein Herz,
Sich täglich in den bittren Schmerz
Von neuem zu versenken.

Ich konnte dich, du höchstes Gut,
Nicht glaubensvoll umfassen;
Es wollte mein verzagter Mut
Sich gar nicht trösten lassen.
Du bliebst mein Gott; und doch wie klein
Hab' ich geachtet, was noch mein,
Wie groß, was mir entrissen!

Und nun hast du dein Angesicht
Mir wieder lassen leuchten,
Und voll Erbarmen aufgericht
Mich Armen und Gebeugten.
Weil du mich froh machst, bin ich froh,
Vor deinem Gnadenlicht entfloh
Die Nacht mit ihren Schatten.

So will ich dich von Herzensgrund
Aus Herzenslust erheben;
Du selbst hast mir in meinen Mund
Ein neues Lied gegeben,
Ein neues Lied der alten Treu'
Und ew'gen Güte, die aufs neu
Mit Gnaden mich gekrönet.

Richte dein Amt redlich aus

Mein Herr und Gott, des gute Hand
Mich immerdar geführt,
Hilf mir, daß ich in meinem Stand
Das tu', was mir gebührt.

Was mir gebührt, das ist der Fleiß,
Der sich nicht viel besinnt
Und wenn er, was er tun soll, weiß,
Sogleich sein Werk beginnt.

Was mir gebührt, das ist die Treu',
Die tut, so viel sie kann,
Und sieht aufs Werk mit ems'ger Scheu,
Ob's völlig auch getan.

Was mir gebührt, das liege mir
Am Herzen allezeit,
Daß ich nicht Zeit noch Kraft verlier'
Durch Vielgeschäftigkeit;

Daß sich mein Herz nicht hin und her
Zu vielen Dingen neigt,
Sonst macht es sich das Leichte schwer
Und nimmt das Schwere leicht.

Drum hilf, daß meine kleine Kraft
In meinem Amt und Stand
Das Ihre unverdrossen schafft
Mit fleiß'ger, treuer Hand.

Und was ich tu', das tu' ich dir;
Ach, richt's zu deiner Ehr',
Bekenne segnend dich zu mir,
Und meine Kraft vermehr'.

Gottes Ruf zum Weiterziehen

Mein Gott, was ich gewünscht,
Hast du mir nicht verliehen;
Vom liebgewordnen Ort
Soll ich zum fremden ziehen.
Doch weil ich weiß, du bist's,
Der mir gerufen: Geh!
So bin ich gern bereit,
Dein Wille nur gescheh'.

Wohl dacht' ich: Hier ist's gut,
Die Hütte aufzuschlagen;
Hier werd' ich einmal ruhn
Nach manchen Wandertagen.
Hier ist der Ort, dahin
Dein Wille mich gestellt;
Hier weide ich die Herd'
Und baue hier das Feld.

Du ließest es geschehn
Und mir es wohl gelingen;
Ich konnt' von Herd' und Feld
Dir Erstlingsopfer bringen.

Mit Freuden ging ich aus,
Mit Danken ging ich ein,
Du kröntest Müh und Fleiß
Mit Segen und Gedeihn. -

Mein König und mein Herr,
Der du die Welt regierest
Und aus den Augen auch
Das Kleinste nicht verlierest,
Weil du, ja du allein,
Mich heißest weitergehn,
Hast du mir auch gewiß
Was Bessres ausersehn.

Ich gehe denn, wohin
Dein Ruf mich auch entsende,
Ich lege mein Geschick
Getrost in deine Hände.
Ich weiß, ich werd' es dir
Noch danken tief gerührt,
Daß du mich wunderlich,
Doch weislich hast geführt.

Eins bitt' ich nur, o Herr,
Das mußt du mir gewähren,
Dies eine kann ich hier
Und dort und nie entbehren:
Geh mit mir, wo ich geh',
Ach, leit und führe mich,
Und sei und bleib mein Gott
Hier und dort ewiglich.

Der gute Fund

Wir haben uns, durch Gottes Hand
Geleitet, einst gefunden,
Er hat das Band, das liebe Band,
Das uns vereint, gewunden.
Wozu dich seine Huld gemacht,
Das hat er mir auch zugedacht,
Und was er dir gegeben,
Das schmückt nun auch mein Leben.

Drum dank' ich Gott mit frohem Mut
Für dich, du seine Gabe;
Wohl mir, wohl mir, ich hab' es gut,
Daß deine Lieb' ich habe.
So mancher Tag und manches Jahr
Zeugt mir, es sei gewißlich wahr,
Daß der was Gutes findet,
Dem sich ein Herz verbindet:

Ein frommes Herz, zu Gott gekehrt,
Von seinem Geist getrieben;
Ein liebend Herz, von Gott gelehrt,
Unwandelbar zu lieben;
Ein Herz, drauf sich getrost ein Mann
In Wohl und Weh verlassen kann,
Und das zu allen Stunden
Wird hold und treu erfunden.

So segne der dich, der durch dich
Auch mich so reichlich segnet;
Zu lauter Segen wende sich,
Was dir und mir begegnet.
In Glauben, Lieb' und Hoffnung eins,
Sei auch dein ew'ges Erbe meins,
Daß dich und mich kein Leiden,
Ja, auch kein Tod mag scheiden.

Des Herrn Obhut

Hüter Israels, behüte
Uns, die wir uns dir vertraut
Und im Schatten deiner Güte
Unsre Hütte aufgebaut.
Laß uns ohne Furcht und Grauen
Unter deinen Flügeln trauen.

Walte über uns in Gnaden,
Hab auf alle treulich acht;
Wende mächtig allen Schaden,
Sei uns nah bei Tag und Nacht.
Sei uns Schild und sei uns Sonne,
Sei uns Leben, Licht und Wonne.

Wir sind Fremdlinge und Gäste,
Du bist überall zu Haus;
Mache Tor und Riegel feste,
Leit uns sicher ein und aus.
Unsre Leiber, unsre Seelen
Wir in deinen Schutz befehlen.

O wie wohl sind wir geborgen
Unter deiner Gottestreu';
Deine Güt' ist alle Morgen
Über deinem Volke neu,
Und die Fülle deiner Gaben
Läßt uns keinen Mangel haben.

Halleluja! Preis und Ehre
Sei dir unter uns bereit;
Herz und Mund dein Lob vermehre
Hier und dort in Ewigkeit,
Wo wir mit den Millionen
Deines Volkes bei dir wohnen.

Zum Tagwerk

Gehe hin in Gottes Namen,
Greif dein Werk mit Freuden an,
Frühe säe deinen Samen,
Was getan ist, ist getan.

Sieh nicht aus nach dem Entfernten,
Was dir nah liegt, mußt du tun;
Säen mußt du, willst du ernten,
Nur die fleiß'ge Hand wird ruhn.

Müßigstehen ist gefährlich,
Heilsam unverdroßner Fleiß,
Und es steht dir abends ehrlich
An der Stirn des Tages Schweiß.

Weißt du auch nicht, was geraten
Oder was mißlingen mag,
Folgt doch allen guten Taten
Gottes Segen für dich nach.

Geh denn hin in Gottes Namen,
Greif dein Werk mit Freuden an;
Frühe säe deinen Samen,
Was getan ist, ist getan.

Zur guten Nacht

Vollendet hat der Tag die Bahn,
Sein Licht der Abend ausgetan,
Und überall die dunkle Nacht
Die Zeit der Ruhe hergebracht.
O reicher Gott, nun segne du
Uns diese Nacht zu guter Ruh'.

Was du uns Gutes hast beschert,
Wie du uns heut versorgt, ernährt,
In aller Fährlichkeit beschützt,
Uns zugewendet, was uns nützt:
Wir danken dafür inniglich,
Und Herz und Lippen preisen dich.

Was aber Übels wir getan,
Das rechn' aus Gnaden uns nicht an;
Wir klagen dir's mit Reu und Schmerz,
Und zeichnen unser Haus und Herz
Mit deines lieben Sohnes Blut
Zu Glaubenstrost und Glaubensmut.

Nun gib uns Ruhe, die erquickt,
Nach der das müde Auge blickt.
Des Wächters Hut und Wachsamkeit,
Der Tor' und Riegel Festigkeit,
Das Lager weich und warm und dicht:
Das alles gibt die Ruhe nicht.

Hältst du nicht selbst im Herzen auf
Der Sorgen und Gedanken Lauf,
So fährt er aufgeregt einher,
Wie ein vom Sturm bewegtes Meer,
Und manche Stunde stiller Nacht
Wird Ruhe suchend hingebracht.

Drum bring du unser Herz zur Ruh
Und schließ uns bald die Augen zu.
Mit deiner Güte decke uns,
Zur rechten Zeit erwecke uns.
Dann sei dir unser Dank gebracht
Für dein Geschenk, die gute Nacht.

Frühlingswunder

Sieh, der Winter ist vergangen,
Schnee und Regen ist vorbei;
Leben, das der Tod gefangen,
Bricht die Bande und wird frei.
Aller Orten regt sich mächtig,
Was des Winters Schlaf gedrückt,
O, und bald steht alles prächtig,
Frühlingsmäßig ausgeschmückt.

Seinen Odem läßt Gott wallen
Lebenswarm durch Wald und Flur,
Auferweckungsstimmen schallen
In die Gräber der Natur.
Ihre Adern wieder fließen,
Und ihr Antlitz färbt sich schön,
Tausend Lebenskeime sprießen
In den Tälern, auf den Höhn.

Zarte Blumen öffnen zagend
Hier und da ihr enges Haus,
Strecken ihre Häupter fragend
In die milde Luft hinaus.
Da wird lauter Ruf vernommen,
Sorgenloser Vögel Chor:
Ja, der Frühling ist gekommen,
Kommt, ihr Blumen, kommt hervor!

Überall erschallt es deutlich:
Leben ist vom Tod erwacht!
Und die Erde schmückt sich bräutlich,
Und der blaue Himmel lacht.
Komm, dies Wunder anzusehen,
Freu dich, Seele, inniglich:
Gott läßt seinen Odem wehen,
Und der Frühling kommt für dich.

Erheiterung durch Tränen

Die Wolken ziehn herüber
So dicht gedrängt und grau,
Und trüber, immer trüber
Wird rings des Himmels Blau.

Und du, wie ist entflogen
Dir alle Heiterkeit,
Die Seele überzogen
Von unnennbarem Leid!

Die Wolken strömen nieder,
Wie blau der Himmel scheint!
Wie heiter bist du wieder!
Hast du vielleicht geweint?

Hingabe

Nimm hin, was dein ist, Gott, nimm's hin,
Ich will mich nicht drum grämen;
Was von dir kommt, ist mir Gewinn,
Dein Geben und dein Nehmen.
Ich lege auf dem Brautaltar
Das Liebste dir zum Opfer dar,
Ein Stück von meinem Herzen.
Es kam von dir und blieb auch dein
Und soll nun dein auf ewig sein;
Hilf du es mir verschmerzen.

Ich geb' es dir und sage nicht,
Daß du es mir entrissen;
Vom Unmut, der dir widerspricht,
Laß doch mein Herz nichts wissen;

Das Murren, das den Schmerz vergällt
Und dir, was dein ist, vorenthält,
Laß nie ins Herz sich setzen;
Was ich dir gab, dafür gib mir
Ein desto größres Teil an dir
Und deinen Gnadenschätzen.

Du nahmst es hin; ach, Herr, es ist
Bei dir wohl aufgehoben;
Obschon mein Aug' in Tränen fließt,
Muß ich dich dennoch loben.
Das Dort ist besser als das Hier,
Und komm' ich Armer einst zu dir,
Es wird mich nie gereuen,
Daß ich dir's hingab, als du kamst
Und das, was dein ist, wieder nahmst;
O nein, es wird mich freuen.

Den Glauben bitt' ich nur für mich,
So lang ich hier muß wallen,
Der alle deine Wege sich
Von Herzen läßt gefallen;
Der über all dein Tun dich preist,
Der alles gut und löblich heißt,
Und traut dir unbeweglich;
Der still sich in den Schoß dir legt,
Der, was du auflegst, willig trägt,
Dem nichts ist unerträglich.

In diesem Glauben will ich dich,
Du ewig Treuer, fassen;
Es soll an deiner Gnade sich
Mein Herz genügen lassen.
In Wohl und Weh, in Lieb und Leid,
In Licht und Dunkel, Ruh und Streit,
In Fülle und Entbehrung,
Sollst du mein eins und alles sein

Bis in die Ewigkeit hinein
Zur himmlischen Verklärung.

Sonntagsfrühe

Es wird mein Herz mit Freuden wach,
Ein Segenstag ist dieser Tag;
Da ruft's mit hellem Klang hinaus:
Komm heut in deines Gottes Haus!

Am Tage, da er reden will,
Tu auf dein Herz und halt dich still;
Da er an dir sein Werk will tun,
Laß deiner Hände Werke ruhn.

Heut hält der Herr ein offnes Haus,
Da teilt den Hungrigen er aus
Sein teures Wort, das Lebensbrot,
Wer das genießt, dem schad't kein Tod.

Heut wird der gute Sämann gehn,
Den edlen Samen auszusä'n,
Der in den Herzen, da er haft,
Vielfältig edle Früchte schafft.

Heut führt der treue Hirt ins Tal
Die Schaf' und Lämmer allzumal
Zu guter Weid' an rechter Stell',
Auf grüner Au, zum frischen Quell.

Heut ist der Arzt, der Wundermann,
Der allen Schaden heilen kann,
Mit Hilf' in Rat und Tat bereit
Für jedes Wunden, Schmerz und Leid.

Das ist ein Tag, ein Segenstag,
Da wird mein Herz mit Freuden wach,
Und lieblich klingt der Ruf hinaus:
Komm heut' in deines Gottes Haus!

Zur Kindtaufe

O du reicher Herr der Armen,
Mit welch herzlichem Erbarmen
Bist du uns zuvorgekommen,
Hast dich unsrer angenommen!
Wie kamst du mit allem Segen
Uns erbarmungsvoll entgegen
Schon an deines Reiches Pforte
Durch das Wasserbad im Worte!

Sind wir selbst doch unaussprechlich
Kraftlos, hilflos und gebrechlich;
Ja, als Fleisch von Fleisch geboren,
Sündlich, sterblich und verloren.
Aber reinigend und heilend,
Geist und Leben uns erteilend,
Schenktest du uns reiche Gnade
In der Taufe heil'gem Bade.

Und wir glauben deinem Worte,
Darum bringen wir zur Pforte
Deines teuren Gnadenreiches
Dieses Kind; tu ihm ein Gleiches.
Die Verheißung, die zum Leben
Deinem Volke du gegeben,
Geht nach deiner Huld nicht minder
Über deines Volkes Kinder.

Sei auch diesem Kinde gnädig,
Mach es aller Sünde ledig;
Schenke ihm die reine Seide
Der Gerechtigkeit zum Kleide;
Salbe es mit deinem Geiste
Und ihm alle Hilfe leiste,
Daß der Segen deiner Hände
Auf ihm bleibe bis ans Ende.

Für die Jugend

O du Vater über alles,
Was auf Erden Kinder heißt,
Den auch frohen Muts und Schalles
Dieser Kinder Danklied preist;
Laß sie immerdar sich kindlich
Deiner Lieb und Güte freun,
Laß sie aber auch empfindlich
Jede Sünde schnell bereun.

Nimm du ihre jungen Herzen
Früh in deines Geistes Zucht;
Der bleibt ledig später Schmerzen,
Der dich früh mit Ernst gesucht.
Wecke du sie aus dem Traume
Von noch langer Lebensfrist;
Manche Blüte fällt vom Baume,
Eh' sie Frucht geworden ist.

Laß sie dir zum Preise werden,
Pflanzen der Gerechtigkeit,
Die wohl wachsen hier auf Erden,
Aber für die Ewigkeit.
Laß sie unter deiner Pflege,

Herr, in deinem Weinberg stehn,
Ihre guten Triebe hege,
Ihre argen laß vergehn.

Fülle du sie früh mit Gnade,
Zeige ihnen früh dein Heil,
Früh sie freundlich zu dir lade,
Und bewahr ihr gutes Teil.
Ach, für Leben und für Sterben
Laß sie dir befohlen sein.
Führe sie nur einst als Erben
In das ew'ge Leben ein.

Einkehr und Rückkehr

Ach Herr, was ist geschehn
Und zwischen uns getreten?
Was läßt mich nicht wie sonst
Recht kindlich zu dir beten?
Ich komme zwar wie sonst
Noch vor dein Angesicht,
Doch nicht aus Lieb und Lust,
Nein, nur aus Zwang und Pflicht.

Was hast du wider mich,
Daß ich vor dir mich scheue,
Und deiner Stimme nicht
Wie einst mich kindlich freue?
Ach, hilf mir wieder auf
Und zeige selbst mir an,
Was meine Seele hat
Gebracht in solchen Bann.

Ich schuld'ge mich vor dir,
Und muß mich darum hassen,

Daß ich die erste Lieb'
So leicht und schnell verlassen,
Die heil'ge Glut, die du
Mir in das Herz gelegt,
Nicht unablässig treu
Gehütet und gepflegt.

Ich hielt mich nicht zu dir
Mit Beten und mit Wachen;
Ich ließ mich wiederum
So lau und schläfrig machen.
Ich habe mich nicht stets
In deinem Dienst geübt,
Durch Ungehorsam oft
Den heil'gen Geist betrübt.

Das hast du wider mich
Und lässest du mich wissen,
Drum muß ich schmerzlich nun
Dein Wohlgefallen missen;
Drum kann ich nicht wie sonst
Mein Werk mit Freuden tun
Und darnach seliglich
In deiner Liebe ruhn.

Ich hätt' es wohl verdient,
Daß du mich gar verließest,
Von deinem Angesicht
Für immer mich verstießest.
Doch nein, das willst du nicht,
Das wär' der Seele Tod;
Drum nimm mich wieder an,
Und hilf mir aus der Not.

Du, meines Lebens Licht
Und meiner Seele Leben,
Des Gnade ohne End',

Bei dem so viel Vergeben,
Ach, neige freundlich dich
Zu meinem heißen Flehn,
Und laß mich wiederum
Dein Gnadenantlitz sehn.

Vor dem heiligen Abendmahle

Was bewegt mein Herz,
Freude oder Schmerz?
Da ich deinem Tische nahen,
Deinen Leib, dein Blut empfahen,
Da ich glaubensvoll
Dein gedenken soll?

Wenn auf mich ich seh',
Ist mir herzlich weh.
Um der Sünden und der Schwächen,
Wie der Mängel und Gebrechen
Unzählbares Heer
Ist das Herz mir schwer.

Dürfte heut vor dir
Nur in Schmuck und Zier
Reiner Unschuld ich erscheinen,
Müßt' ich bittre Tränen weinen,
Bliebe weit und fern
Von dem Tisch des Herrn.

Doch ich seh' auf dich,
Und es tröstet mich,
Daß du arme Sünder liebest,
Reuigen die Schuld vergibest,
Über alle gleich
Bist an Gnade reich.

In der Gnade Strahl
Leuchtet dieses Mahl.
Zur Vergebung meiner Sünden,
Mir den Glauben fest zu gründen,
Gibst du - welch ein Gut!
Mir dein Fleisch und Blut.

O da wirst du mein,
Und ich denke dein
Mit der Traurigkeit der Reue
Und der Freud' an deiner Treue,
Und was schmerzet mich,
Das verkläret dich.

Ja, erfüll mein Herz
Heut mit Freud und Schmerz!
Deiner Huld mich zu erfreuen,
Laß mich meine Schuld bereuen;
Mich erquickt zu sehn,
Hungernd zu dir gehn.

Nach dem heiligen Abendmahle

O du, den meine Seele liebt,
An den mein Herz gewöhnt,
Der Leben, Frieden, Freude gibt
Und mich mit Gnade krönt!

Es ist doch keiner so wie du,
Denn alles bist du mir;
Es hat das Herz doch keine Ruh',
Als bis es ruht in dir;

Bis du, o Herr, dich ganz ihm gibst
Mit allem, was du bist;
Bis deiner Lieb', womit du liebst,
Es fest versichert ist.

Drum ladest du uns allzumal
Zu deinem Tische ein,
Und gibst bei deinem Abendmahl
Dich uns in Brot und Wein.

Da suchte dich mein schwacher Geist
Und freut nun deiner sich;
Denn wo dein Wort dich suchen heißt,
Gewiß, da fand ich dich.

Ja, dich, den meine Seele liebt,
An den mein Herz gewöhnt,
Der Leben, Frieden, Freude gibt
Und mich mit Gnade krönt!

Der Herr kennet die Seinen

Es kennt der Herr die Seinen
Und hat sie stets gekannt,
Die Großen und die Kleinen
In jedem Volk und Land,
Er läßt sie nicht verderben,
Er führt sie aus und ein;
Im Leben und im Sterben
Sind sie und bleiben sein.

Er kennet seine Scharen
Am Glauben, der nicht schaut,
Und doch dem Unsichtbaren,
Als säh' er ihn, vertraut;

Der aus dem Wort gezeuget
Und durch das Wort sich nährt
Und vor dem Wort sich beuget
Und mit dem Wort sich wehrt.

Er kennt sie als die Seinen
An ihrer Hoffnung Mut,
Die fröhlich auf dem einen,
Daß er der Herr ist, ruht,
In seiner Wahrheit Glanze
Sich sonnet frei und kühn:
Die wunderbare Pflanze,
Die immerdar ist grün.

Er kennt sie an der Liebe,
Die seiner Liebe Frucht,
Und die mit lautrem Triebe
Ihm zu gefallen sucht;
Die andren so begegnet,
Wie er das Herz bewegt;
Die segnet, wie er segnet,
Und trägt, wie er sie trägt.

So kennt der Herr die Seinen,
Wie er sie stets gekannt,
Die Großen und die Kleinen,
In jedem Volk und Land;
Am Werk der Gnadentriebe
Durch seines Geistes Stärk',
An Glauben, Hoffnung, Liebe,
Als seiner Gnade Werk.

So hilf uns, Herr, zum Glauben
Und halt uns fest dabei;
Laß nichts die Hoffnung rauben;
Die Liebe herzlich sei.
Und wird der Tag erscheinen,

Da dich die Welt wird sehn,
So laß uns als die Deinen
Zu deiner Rechten stehn.

Die Tränen des Herrn

Vom Ölberg wogt es nieder,
Die Täler hallen wieder
Von lauter Freude Gruß.
Wem singt man Lob mit Psalmen,
Wem streut man grüne Palmen,
Und breitet Kleider ihm zu Fuß?

Du bist es, Herr, dir singen
Sie Lob und Preis, und bringen
Dir Huldigungen dar.
Doch kannst du unterdessen
Der Sünder nicht vergessen;
O Liebe, groß und wunderbar!

Du siehst, was die nicht sehen,
Die hier dein Heil verschmähen,
Das große Zorngericht.
Da wird dein Antlitz trüber,
Die Augen gehn dir über,
Das Herz dir vor Erbarmung bricht.

O treuer Liebe Sehnen,
Das sich in deinen Tränen,
Mein Heiland, offenbart!
Dies herzliche Erbarmen
Mit den verlornen Armen
Hast du noch jetzt der Welt bewahrt.

Du sitzest auf dem Throne,
Dich schmückt die Ehrenkrone
Der höchsten Majestät;
Dir bringen Preis und Ehre
Zahllose Engelheere,
Dein Lob durch alle Himmel geht.

Und doch denkt mit Erbarmen
Dein treues Herz der Armen,
Die hier dein Heil verschmähn;
Sie liegen dir am Herzen,
Du siehst sie nur mit Schmerzen
Ins ewige Verderben gehn.

O Mensch, sieh in den Tränen
Des Herrn sein heißes Sehnen,
Sieh, wie die Lieb' es meint.
O komm in Buß und Reue,
Daß er sich deiner freue,
Der um Jerusalem geweint.

Die Reue, die nie gereuet

Was uns nie gereuet,
Was uns ewig freuet,
Ist der Reue Schmerz;
Den wir da empfunden,
Als wir uns gefunden,
Uns und unser Herz:
So verkehrt
Und so beschwert,
So mühselig und beladen
Unter Schuld und Schaden.

Solche Reue lehrt es,
Welch ein teuer wertes,
Wahres Wort es ist:
Daß du, Herr, für Sünder
Ihres Heils Verkünder
Und Erwerber bist;
Daß du starbst
Und uns erwarbst
Durch dein Leiden, Blut und Sterben
Rettung vom Verderben.

O, zu solcher Reue
Die uns deine Treue
Erst ans Licht gebracht;
Die uns erst empfänglich
Für dein überschwänglich
Großes Heil gemacht;
Wecke doch
Auch ferner noch,
Daß sie nicht ihr Heil verscherzen,
Alle sichren Herzen.

Die Fülle Christi

Wo ist göttliches Erbarmen,
Das die Sünder nicht verschmäht;
Liebe, die mit offnen Armen
Reuigen entgegengeht?
Wo wird alle Schuld vergeben,
Alle Missetat bedeckt,
Und, wenn Tod und Hölle schreckt,
Seligkeit geschenkt und Leben?
Fasse Mut, in Jesu Christ
Solcher Gnaden Fülle ist.

Wo wird Balsam für die Wunden,
Wo wird Lindrung für den Schmerz,
Wo wird Rat und Trost gefunden
Für ein rat- und trostlos Herz?
Wo erquickt man müde Seelen,
Richtet die Gefallnen auf,
Stärkt zu unverdrossnem Lauf,
Läßt des rechten Wegs nicht fehlen?
Sei getrost, in Jesu Christ
Solcher Gnaden Fülle ist.

Wer gibt Leben, das genüget?
Wer gibt Freud' in Traurigkeit,
Und mit allem, was Gott füget,
Völlige Zufriedenheit?
Wer gibt kindliches Vertrauen,
Legt uns in des Vaters Schoß,
Macht uns eitler Sorgen los,
Läßt uns Gottes Wunder schauen?
Freue dich, dein Jesus Christ
Solcher Gnaden Geber ist.

Wer gibt Sinn der Kinder Gottes:
Demut, die ihr Nichts erwägt;
Sanftmut, die den Pfeil des Spottes
Ungereizt zur Seite legt;
Liebe, die kein Opfer scheuet,
Der das Geben Seligkeit,
Die zu allem Dienst bereit,
Mit dem Fröhlichen sich freuet?
Danke Gott, dein Jesus Christ
Solcher Gnaden Geber ist.

Wer macht zum Gewinn das Sterben,
Läßt den Tod uns nimmer sehn
Und uns ew'ge Güter erben,
Wenn wir nackt von hinnen gehn?

Wer läßt noch einmal auf Erden
Für die Saat, die da gesät,
Daß sie herrlich aufersteht,
Frühling durch sein Wort es werden?
Lob und sing, dein Jesus Christ
Solcher Gnaden Geber ist.

O du einer, der du allen
Alles gibst und alles bist,
Weil nach Gottes Wohlgefallen
Alle Fülle in dir ist!
Alle hast du eingeladen,
Alle sollen zu dir nahn,
Allen hast du aufgetan
Solche Fülle deiner Gnaden!
Selig, wer es recht genießt,
Was du gibst und was du bist!

Des Christen Wohlstand

Ein Wohlstand ohnegleichen
Ist eines Christen Stand,
Wie er bei keinem Reichen
Von dieser Welt bekannt.
Den kann auch niemand rauben,
Wie feindlich er gesinnt;
Ein Christ ist durch den Glauben
Des reichsten Vaters Kind.

Es kann mit Freuden kommen
Vor Gottes Angesicht,
Da wird er angenommen
Und niemand widerspricht.

Was alles ihn betroffen,
Sei's Freude oder Leid,
Ihm steht der Zugang offen
Zum Vater allezeit.

Er kann in großen Scharen
Als Diener um sich sehn,
Die einst ihm Herren waren,
Und nun zu Dienste stehn.
Er ist umringt von ihnen
Den ganzen Lebenstag;
Denn ihm muß alles dienen,
Was ihm begegnen mag.

Und geht einmal auf Erden
Die Kindeszeit zu End',
Er weiß, was ihm muß werden
Nach Christi Testament:
Ein Erbteil in dem reichen,
Geliebten Vaterland.
Solch Wohlstand ohnegleichen
Ist eines Christen Stand!

Gib mir dein Herz

Du reicher Gott und Herr,
Von dem ich alles habe,
Du ew'ger Lebensquell,
Draus ich mich täglich labe,
Ich brächte gern einmal
Auch eine Gabe dir;
Nur weiß ich selbst nicht, was?
Drum bitt' ich: Sag es mir.

Gib mir, o Sohn, dein Herz!
So sprichst du; ach das meine,
Mein Herz, das willst du, Herr?
Mein Herz, das ich beweine,
Mein armes, schwaches Herz,
Von Sünd und Lust der Welt,
Von Zagheit und von Trotz
So unrein, so entstellt?

Das forderst du von mir
Vor allen andern Gaben?
Hier ist es, wie es ist,
Mein Herz, du sollst es haben.
O mache du es rein,
O mache du es neu,
O mach es dir zur Ehr'
Bis an den Tod getreu!

Die Gemeinschaft in dem Herrn

Ein Herz und eine Seele war
Der ersten Christenjünger Schar,
Als Glieder eines Leibes;
Und wie es war und wie es ist,
Wo du der Herr bist, Jesus Christ,
So werd' es, und so bleib' es!
Lehre,
Mehre
Glauben, Liebe
Und die Triebe,
Die uns treiben,
Unverrückt in dir zu bleiben.

O du, der unsre Armut kennt,
Dein Lebenswort und Sakrament

Laß reichlich uns genießen;
Das nähr' und pfleg' und stärk' uns hier,
Daß du in uns und wir in dir
Uns aneinander schließen;
Daß wir
In dir,
Durch dich leben,
Wie die Reben
Auszuschlagen
Und einander uns zu tragen.

Weil du so herzlich alle liebst,
Weil du so reichlich allen gibst,
Geduld hast, wenn sie fehlen:
So sei auch aller Herz ein Herz,
Des einen Freud', des andern Schmerz
Bewege aller Seelen.
Gleiche
Reiche
Gnadengabe
Alle labe,
Und vereine
Die gesegnete Gemeine.

Der Segen der Gesegneten

O du, der uns begegnet'
Und unser Herz gewann,
Du hast uns so gesegnet,
Wie keiner segnen kann.

Dein Segen lehrt uns danken,
Dein Segen lehrt uns flehn:
Laß deine Heilsgedanken
Auch andere verstehn.

Dein Segen lehrt uns zeugen
Von deiner Majestät,
Bis sich vor dir wird beugen,
Was dir noch widersteht.

Und weil dich einst getroffen
Für alle Welt der Fluch,
Lehrt uns dein Segen hoffen:
Wir sind dir nicht genug!

Heimgang

Ein Pilger schickt sich an zur Fahrt
Und will von hinnen scheiden;
Er hat den Lebensweg bewahrt
In Freuden und in Leiden.
Nun ist er müde, schwach und matt,
Er sehnt sich, dieses Lebens satt,
Zum Leben einzugehen.
Die Seele dürstet, Gott, nach dir;
Gewähr es ihr, gewähr es ihr,
Laß sie dein Antlitz sehen.

Herr Jesu, durch ein dunkles Tal
Soll dieser Pilger wallen;
Du Licht der Welt, laß deinen Strahl
Ins Tal des Todes fallen.
Im Leben ging er deine Bahn,
Geh ihm auch durch den Tod voran
Und mach den Weg ihm helle.
Du halfst bisher durch alle Not,
So hilf auch jetzt ihm durch den Tod
Bis zu des Himmels Schwelle.

O heil'ger Geist, versichr' ihm du,
Daß Gott ihn angenommen,
Daß nun der Pilger soll zur Ruh',
Das Kind zum Erbteil kommen.
Bezeug ihm, wenn die Sünd' ihn kränkt
Und ihn in Furcht und Pein versenkt:
Dir ist die Schuld vergeben!
Und wenn ihm vor dem Tode graut,
So ruf ihm in die Seele laut:
Du stirbst nicht, du wirst leben!

Ja, lebe wohl, so wohl als wir
Hier nimmer leben werden!
Bald liegt nun alles hinter dir,
Was dich betrübt auf Erden.
Bald ist der letzte Kampf vorbei,
Dann bist du frei, auf ewig frei,
Und lebst in Licht und Wonne.
Geleit' dich Gott! Es ist vollbracht!
Dein Morgen kommt, es flieht die Nacht,
Und vor dir strahlt die Sonne.

Der Odem steht, das Band zerreißt,
Das dich dem Staub verbunden.
Fahr wohl, fahr wohl, erlöster Geist,
Nun hast du überwunden.
Du schwebest zu der bessern Welt
Hinauf, das Pilgerkleid, es fällt
Und liegt uns in den Armen.
Dich aber schmückt das Ehrenkleid
Der ewigen Gerechtigkeit
Durch göttliches Erbarmen.

Da stehn wir nun; du hast gesiegt,
Und wir sind wie geschlagen;
Was alles dir zu Füßen liegt,
Das müssen wir noch tragen.

Doch der dir bis zum letzten Hauch
Hat durchgeholfen, hilft uns auch,
Bis einst wir überwinden.
Wir kommen nach, du gingst voraus,
O selig, wenn in Vaters Haus
Sich Kinder wiederfinden!

Wir sind des Herrn

Wir sind des Herrn, wir leben oder sterben!
Wir sind des Herrn, der einst für alle starb!
Wir sind des Herrn und werden alles erben!
Wir sind des Herrn, der alles uns erwarb!

Wir sind des Herrn! So laßt uns ihm auch leben,
Sein Eigen sein mit Leib und Seele gern,
Und Herz und Mund und Wandel Zeugnis geben,
Es sei gewißlich wahr: Wir sind des Herrn!

Wir sind des Herrn! So kann im dunklen Tale
Uns nimmer graun, uns scheint ein heller Stern,
Der leuchtet uns mit ungetrübtem Strahle,
Es ist das teure Wort: Wir sind des Herrn!

Wir sind des Herrn! So wird er uns bewahren
Im letzten Kampf, wo andre Hilfe fern;
Kein Leid wird uns vom Tode widerfahren,
Das Wort bleibt ewig wahr: Wir sind des Herrn!

Gottes Stadt

Gottes Stadt steht fest gegründet
Auf heil'gen Bergen, es verbündet
Sich wider sie die ganze Welt;
Dennoch steht sie und wird stehen,
Man wird an ihr mit Staunen sehen,
Wer hier die Hut und Wache hält.
Der Hüter Israels
Ist ihres Heiles Fels.
Halleluja!
Lobsingt und sprecht:
Wohl dem Geschlecht,
Das in ihr hat das Bürgerrecht!

Zions Tore liebt vor allen
Der Herr mit gnäd'gem Wohlgefallen,
Macht ihre Riegel stark und fest;
Segnet, die darinnen wohnen,
Weiß überschwänglich dem zu lohnen,
Der ihn nur tun und walten läßt.
Wie groß ist seine Huld,
Wie trägt er mit Geduld
All die Seinen!
O Gottes Stadt,
Du reiche Stadt,
Die solchen Herrn und König hat!

Große, heil'ge Dinge werden
In dir gepredigt, wie auf Erden
Sonst unter keinem Volk man hört.
Gottes Wort ist deine Wahrheit,
Du hast den Geist und hast die Klarheit,
Die alle Finsternis zerstört.
Da hört man fort und fort
Das teuer werte Wort
Ew'ger Gnade.

Wie lieblich tönt,
Was hier versöhnt,
Und dort mit ew'gem Leben krönt!

Auch die nichts davon vernommen,
Die fernsten Völker werden kommen
Und in die Tore Zions gehn.
Denen, die im Finstern saßen,
Wird auch der Herr noch pred'gen lassen
Was einst für alle Welt geschehn.
Wo ist der Gottessohn,
Wo ist sein Gnadenthron?
Wird man fragen.
Dann kommt die Zeit,
Wo weit und breit
Erscheint der Herr in Herrlichkeit.

Darum stellet ein die Klagen,
Man wird noch einst zu Zion sagen:
Wie mehrt sich deiner Bürger Zahl!
Voll Erstaunen wird man schauen,
Wie Gott sein Zion mächtig bauen
Und herrlich weitern wird einmal.
Erhebet Herz und Sinn!
Es ist die Nacht schier hin
Für die Heiden;
Es kommt ihr Tag,
Sie werden wach,
Und Israel folgt ihnen nach.

Gottes Stadt, du wirst auf Erden
Die Mutter aller Völker werden,
Die ew'ges Leben fanden hier.
Welch ein Jubel, wie am Reigen,
Wird einst von dir zum Himmel steigen!
Die Lebensbrunnen sind in dir.
In dir das Wasser quillt,

Das alles Dürsten stillt.
Halleluja!
Von Sünd' und Tod,
Von aller Not
Erlöst nur einer, Zions Gott!